大師失格

如何在人品與作品之間劃出界線？

Erich Hatala Matthes
艾瑞克・哈塔拉・馬特斯——著

DRAWING THE LINE

What to Do with the Work of Immoral Artists from Museums to the Movi

劉家安——譯

「藝術就和道德一樣，都得要在某個地方劃出界線。」

——卻斯特頓（G. K. Chesterton）

「在人品與作品之間如何抉擇？這是創作者與讀者千古的難題。它太容易引起情緒的衝動，讓我們只想求得一個痛快的解答；但偏偏又牽涉複雜的諸種層次，需要我們冷靜下來，想清楚自己支持的是什麼、反對的是什麼。本書最重要的貢獻，就是引領我們走過這條需要冷靜、克制、條分縷析的思辨之路，讓我們理解『道德』如何涉入整個創作生產的機制。因此，讀完這本書，我們不只會對『政治正確』有更深層次思考，更能全盤理解『創作』是怎麼一回事。」

——朱宥勳，作家

「一直以來我都相信蘇珊・桑塔格所說的：『對藝術作品所「說」的內容從道德上贊同或不贊同，正如被藝術作品所激起的性慾一樣，都是藝術之外的問題。』但是時至今日，情況變得更為複雜。因為許多作品事實上涉及了各種內容，包括作者的身份、民眾的參與、社會的效應等等。在此情況之下，我們需要重新思考藝術／形式與道德／內容之間的關係。而《大師失格》對此現象提供了一個反身性的考察，作者並不給定一個關於藝術與道德的邊界——

宣稱藝術就是藝術，或是藝術與道德、政治是同一件事，而是詢問這兩者如何在我們心中產生影響。對我而言，這種後設的思考正是當代藝術的核心精神。」

——汪正翔，自由攝影師

「藝術自由是民主社會的最後防線，用道德取消作品或其人的強硬態度，往往容易成為極權政治與保守文化的同謀。但我們如何在面對自己真實道德情感的同時，又能避免成為網路霸凌的幫兇？本書透過詳細分析與大量舉證，協助讀者找出一條獨立判斷的道路。經由閱讀此書，你可以不必再浪費時間在虛擬社群，與那些立場先行的意見進行無謂的討論，從而在智慧上有所成長。」

——耿一偉，臺北藝術大學戲劇系兼任助理教授

「引人入勝、獨具風格且清晰易懂，讀來令人愉悅。馬特斯以明確而純熟的技巧闡述複雜觀點。書中充滿生動例子、幽默輕鬆話語、深具啟發的隱喻與個人反思，讓探討的問題充

滿生命力……如果你是為了道德爭議創作者感到困惑的人，我鼓勵你們大快朵頤。」

——哲學學術雜誌《分析》

「本書為當前的『取消文化』爭議提供指引。我們該如何評價像高更、J．K．羅琳、伍迪．艾倫等有道德缺陷的人的藝術作品？對此，馬特斯提出微妙的建議，他認為不該把創作者與其作品區分開來，主張應分開私人與公眾的衡量尺度，同時也鼓勵讀者接受自己可能對特別珍視的作品感覺到矛盾的情感。本書引人入勝且富有對話性，提供美學與倫理學研究的最新見解。」

——辛西亞．弗瑞蘭，休士頓大學哲學榮譽教授

目錄

在藝術和道德的交叉點

廖顯禕（美國普及灣大學哲學系教授）

一眨眼之間，我與本書作者艾瑞克．哈塔拉．馬特斯（Erich Hatala Matthes）也認識超過十年了。我們第一次見面是在二〇一二年的研討會上。之後，我們不只在其他場合會常常碰面，也一直保持著熱絡的學術交流。比如，我在撰寫期刊論文時，我會請他讀我的初稿，給我一些批評與建議。對我來說，他的意見回饋總是很有價值，因為他總是用很理智、很謹慎、很公平、也很有人性的態度來看待每一個問題和每一個論點。

正因為如此，能為馬特斯的《大師失格》寫一篇簡單的導讀是我的榮幸。在藝術和道德的交叉點上，存在著許多有爭議、但也很有意義的哲學問題。許多人可能會認為這些問題其實很簡單，因此選擇用最極端的論點來回答。但馬特斯不會這麼做。如我之前所說，他總是用很理智也很有人性的態度來看待每一個問題。對於藝術和道德交叉點上的問題，也不例外。在本書裡，他用許多眾所周知的例子，深入淺出的道出這些問題的複雜性。

在藝術和道德的交叉點上，存在著（起碼）兩個重要的問題：

1. 我們應該怎麼**審美**不道德創作者的作品？
2. 我們應該怎麼**接觸**不道德創作者的作品？

或許當你一開始看到，會覺得這些問題感覺很抽象。不過，如果換一個方式表達，我相信你可以馬上看出來，它們其實是我們在日常生活中常常會遇到的問題。比如：一位形象良好的偶像歌手鬧出緋聞了，他唱的情歌會因此從浪漫變成噁心嗎？一個臺灣本土搖滾天團跑到外國高喊「我們中國人」，你會從此不再聽他們的歌、不再去他們的演唱會嗎？一位原住民雕塑家被指控性侵，公立美術館應該不讓他代表國家去國外參展嗎？馬特斯在本書內提到的例子都是國外的案件，不過這些哲學問題的本質其實離你我一點都不遙遠。

在第一個**審美問題**上，常見的反射性回答是「為藝術而藝術」（art for art's sake）——美感就是美感、道德就是道德，兩者無關。也就是說，一位作者的不道德行為，跟我們對他作品的評價應該毫無關係。但馬特斯並不這樣認為。反之，這個問題並沒有表面上看起來那麼簡單，「為藝術而藝術」的回應也把一個複雜的問題過度簡化了。

在本書的第一章〈惡魔值得同情嗎？不道德創作者能生產出好作品嗎？〉，馬特斯敘述了在什麼情況下，一位作者的道德瑕疵會影響到我們對他作品的評價。如果作者的行為跟他作品的意義是有關聯的，那作品的意義會受到「創作者的道德瑕疵影響或改變」，而此時「作品的美學價值會受到影響」（頁五二）。舉個例子來說：一位形象良好的偶像歌手唱「你就是我的唯一」原本聽起來很浪漫。但如果我們發現他有許多許多的「唯一」，同樣的詞反而可能會從真情變成諷刺，變得很噁心。也就是說，他本人的不純情讓他唱的純情情歌變得一點都不好聽。

不過，馬特斯也不認為作者的道德瑕疵只會對其作品意義有負面的影響。在同一章裡，他也有提到有一個論點叫做「敗德主義」（immoralism）。他說：「根據敗德主義觀點，藝術作品的道德瑕疵有時反而會讓作品達到獨特的美學成就，因為在創作過程藝術家得先克服這道美學障礙。」（頁七〇）。如果一個號稱自己是幫派饒舌歌手的人沒有真的混過幫派，你可能會覺得他唱的都很假仙。反過來說，雖然混過幫派可能算是一種道德瑕疵，但這也有可能對於一位歌手的作品有正面的影響，讓他唱出來的歌詞更real。

在第二個**接觸問題**上，常見的是兩極的反應。如上，有些人覺得藝術跟道德是兩個平行世界，作者的不道德行為完全不應該影響我們跟他作品的關係。但在天平的另一個極端，有些人覺得我們應該完完全全地抵制與杯葛這些不道德的創作者。馬特斯的答案則是再度強調這個問題沒有表面上看起來那麼簡單，而我們還是應該先深入瞭解事情的狀況才能決定我們正當的反應。

馬特斯把**接觸問題**分為兩類。在此書的第二章〈共謀與團結：欣賞不道德創作者的作品，錯了嗎？〉，他討論的是**個人**（individual）應該如何看待不道德創作者的作品。而在此書的第三章〈改革藝術界：不道德創作者應該被「取消」嗎？〉，他討論的則是**機構**（institution）應該如何看待不道德藝術家的作品。

在個人反應的方面，最大的難題是我們每一個人能影響的範圍實在是太小了。就算你決定要杯葛你以前喜歡的臺灣本土搖滾天團，他們的大巨蛋演唱會還是會每晚爆滿。因此如果我們只看結果的話，你的行為是毫無意義的。不過，馬特斯也提到，道德不只是看結果的。就算我們無法改變大局趨勢，我們還是要考量我們要不要成為「共謀」。因為我們行動的意義不只是「由意圖決定，而是由背景脈絡所塑造」（頁九一）。就算沒有影響大局，一個抵制的行為還是有可能可以表達出一種「團結」（solidarity）。也因為如此，馬特斯最後的結論是：「總結來說，我不認為良知消費是一種不適當或沒有意義的概念，但我也反對將良知消費等同於必須拒絕某些藝術作品。」（頁一一一）。

在機構反應的方面，馬特斯的看法不同。比起個人，機構組織可以影響的範圍大了很多。也就是因為這個能力上的差別，機構組織應受更嚴格的道德標準檢視。也因此，他認為「有時需要以集體或制度性方法作出回應」（頁一一六）。在現實有所謂「取消文化」（cancel culture）的存在，其實這正是反應了現有機構的無能或忽視。抵制與杯葛這種手段是用來限制一個藝術家的文化影響力，而間接保護他傷害的人。如馬特斯所說：「在一名藝術家被指控性侵時給予他榮耀，似乎是一種忽視受害者的形式。」（頁一三二）。因此當一位原住民雕塑家被指控性侵時，我們是有理由要求公立美術館不讓他代表國家參展。

當然，在這些藝術和道德交叉點的問題上，許多哲學家提出了很多不同的回應，而我也不例外。所以我並不是說你一定要同意馬特斯的看法。不過，我覺得他提出來的論點很值得思考。當然，這篇簡短的序，無法完全展現馬特斯對於這些問題的細心爬梳和研究。不過我希望這個簡單的介紹，能給你一些繼續讀下去的理由——既然這些問題離你我一點都不遙遠，那《大師失格》便可以引導我們的思考，讓我們用理性的看法來面對這些當代社會的爭議。

譯者序

劉家安

你最喜歡的導演，卻因為與養女有亂倫關係而陷入爭議，你還能接受他的作品嗎？
你最愛的作家，公開發表了你難以接受的歧視性言論，你還會把他的書放在書桌上嗎？
你支持的獨立歌手，轉身擁護有侵害人權疑慮的政府，你還會願意聲援他嗎？
曾在你失落無助時把你救出來的作品，若是迫害別人而來的產物，你又該如何面對？

這些選擇，不僅展現出這些人的道德界線，更攸關你的道德標準與價值觀。
究竟，我們最初是如何喜歡上這些人、這些作品的？
當他們的行為與我們的價值觀產生衝突時，我們該如何抉擇？

作品內容傷風敗俗或是挑戰道德邊線，經常因為批判社會而被視為一種藝術價值的展現，但若作者自己也同樣做出不道德行為呢？

幽靜寫實的歐洲風景畫，會因為畫家身份就變成一幅傷風敗俗的畫作嗎？

建立在性別歧視上的笑話，我們是該買單還是譴責？

在這些前提下，我們又該如何消費這些作品？

接連這麼多的問題，每一個問題都有許多值得討論的層面，而《大師失格》就是這麼一本反覆提問的書。眼見自己最愛的作品陷入爭議，身為哲學教授的作者開始自問這些問題，經過許多課堂與講座的討論過後，作者將各種正反雙方的想法集結在這本書中。其實，對於喜歡藝術的人，往往避不開這種話題，哪個作家有哪些黑歷史、人設崩壞、作品背後有什麼血淚史，只不過，有別於過去將這些視為花絮奇談，如今我們開始拿出更認真的態度，審慎檢視受到控訴的每個創作者。

書中作者討論的「藝術家／創作者」是因其作品而受喜愛的人，涵蓋導演、作家、歌手等創作者。在本書的脈絡下，討論的是這些人共通的道德責任。實際上，藝術家（artist）一詞在東亞的語境和西方的語境略有不同，東亞與西方文化對「藝術家」的定義有所差異——在西方，這個詞更具普遍性，概括所有從事創作而為人所知的創作者，相較之下，東亞文化往往賦予藝術家異於常人的光環，彷彿高人一等，因此我們傾向於賦予他們不同的道德標準，這正好就敲開眾多問題中的核心：我們應該用什麼標準來看待藝術家？

作者以哲學教授的身份切入，試圖理清「審美標準」與「道德規範」之間的複雜關係，並進一步探討「創作者」、「作品」與「良知消費者」之間的互動，進一步分析背後的審美觀與藝術性，在大眾文化中，這三者之間的糾葛幾乎無所不在：作者、文本、讀者的互動關係像是一道永遠解不開的謎題。

這是一本很「實用」的書，雖然作者試圖以通案的方式討論這些議題，然而，所有相關議題都必然有其個別脈絡在，為免糾結於個案、真相和時空等細節條件，並避開個案中真偽與細節的爭議，作者採取了一個假設性前提——「假設指控為真」。這樣的視角，雖然簡化了討論背景，但能聚焦於普遍性原則，幫助我們探索藝術消費中更深層的倫理問題。畢竟，在真相難以釐清，體制又有其侷限時，許多相關討論往往陷入非黑即白的二元對立，難以為未來的複雜情境提供有用的指引。因此，雖然「假設為真」的角度必然有其爭議，作者也自知這種立場會有爭議之處，但是本書的重點並不在於處理個案，並不是討論「某個特定人士做了什麼，而我們要因此如何對待他」。

本書雖以美國較為熟悉的案例為主，而且正如作者在前言所述，確實這些案件或許都還可能翻盤。閱讀過程中，讀者也必定會想到其他案例，不過，這或許正是這本書最值得一讀的關鍵。關注道德議題的臺灣讀者，對於眾多好萊塢的消息也瞭若指掌，不僅只是電影圈，此前，諾貝爾文學獎得主孟若逝世後，其女兒投書投訴孟若長期包庇性侵犯，為全球文壇拋下一個震撼彈。東亞近幾年來也稱不上平靜，韓國從早期電影導演金基德與其劇組的敗德行徑，英國廣播公司專題報導的勝利夜店事件、日本傑尼斯事務所，兩個案例都是整個產業體制在包庇性犯罪。同時，正如同書中案例，日本攝影師荒木經惟也曾遭模特兒指控在受到不當利用後還違反其意願展覽作品，同樣地，我們熟知的黃子佼案例，同樣是由曾拍攝過的對象出面指控，進一步引發連環效應，甚至對我們來說，某種程度上就連兩岸議題都在這本書的範疇內，這樣的話題三不五時就會浮上檯面。本書問世之後，無疑仍將持續有新的案例，新的情境，新的議題。讀到書中提問，我們或許多少都會有自己想要處理的「創作者」及他們的「作品」。這也正是為何這本書的價值並不是批判某個人，而是讓讀者有所引，能夠在面對各式各樣的情境時，都能從書中找出自己的思路。

作者認為，當我們喜愛一個創作者，就代表我們認同他的理念，其中包含他的審美觀、價值觀以及政治立場，而當他們違背這個理念時，我們就會感覺自己遭到背叛而自我矛盾，但是這是很主觀的標準。這也正是為何作者認為需要建立出一套準則，他並非要求我們必須採用哪種準則，而是試著告訴我們該要怎麼樣建立出「自己的道德準則」，幫助我們整理的想法，進行批判性思考得出判斷，再進一步推出有共識的準則，甚至是一套體制。因此，雖然伍迪·艾倫可說是貫穿全書的主要案例，但是這本書並不只是討論伍迪·艾倫，也不單是討論電影，甚至不是要討論亂倫議題。縱觀全書討論的眾多案例及議題，範疇當中大致上分為兩類：

1. **掠奪者**：直接掠奪、傷害他人的行為，例如性侵、霸凌、亂倫。
2. **偏執者**：信奉違背道德的思想或言論，例如種族、性別歧視。

許多案例可能同時兼具這兩種特質，但是這個分類是幫助我們以不同方式分別檢視這些行為。

隨著社群平臺的普及，話語權開始擴散後，被掩蓋的敗德行徑也一一被揭開，我們發現，雖然社群平臺的影響力能夠讓我們有效聚焦，揭開體制遮蔽，可是體制有時卻難以有效且迅速地回應，尤其這些案件往往就是受到體制包庇才會不見天日。越多的包庇，調查越是曠日廢時，然而，調查之所以繁瑣，也是因為體制難免出錯，若沒有依循一套固定的標準，無非回到過去那樣僅依賴單方面的說詞，就足以將人送上火刑臺。

與此同時，社群平臺掀起的野火往往一觸即發，有時轉瞬之間就會成為巨大的熱浪，甚至會超出司法體制能夠處理的範疇，社會輿論開始對體制失去信心，取消文化相應而起。於是，大家開始各執一詞，而這本書就是試著把這些眾多想法彙整起來。他並不是提出一個解方，而是整理並提出各種觀點，讓大家可以有徑可循。此外，作者也試著面對這把火，究竟我們心中這把火是怎麼燒起來的，我們又該怎麼善用心中這把火，將之用來鍛造出更好的社會，同時避免野火肆虐傷及無辜，甚至不會讓自己被野火吞噬。最終，這本書提醒我們，心中的火既能成為進步的火炬，也可能化作肆虐的野火。如何在創作者、作品與消費者的三角關係平衡上，找到我們能夠掌控的把手，或許就是我們必須各自面對的課題。

致謝

二〇一四年春天，我在衛斯理學院首次開設藝術哲學的課程。我設計出一個聚焦在「藝術的道德批判」的單元，探討藝術作品的道德缺陷是否也會構成它的美感缺陷。課堂上第一個問題就是：創作者不道德的行為是否會影響其作品的美學品質。從那時起，我就一直在思考如何看待藝術家道德生活的問題。因此，首先要感謝我的學生。衛斯理學院是個特別的地方，對於能向該校學生學習，我備感榮幸。沒有他們，我的哲學書寫將會大不相同。另外，我也特別感謝考德伍德公共書寫班（Calderwood Seminar in Public Writing）的學生，他們為本書前兩章提供詳盡的回饋，你們正是大膽提出與接受建設性批評的典範。

我有幸向許多聽眾預先展示本書部分成果，特此感謝參與其中的各位：達特茅斯學院倫理與藝術工作坊、貝茲學院（Bates College）哲學系、高蓋德大學（Colgate University）哲學系、衛斯理學院亞特蘭大校友會、衛斯理學院先鋒谷校友會（Wellesley Club of the Pioneer Valley）。特別感謝肯尼．沃爾登、保羅．斯科菲爾德、安妮．伊頓以及詹姆斯．哈羅德。此外，感謝卓克索大學的彭諾尼榮譽學院（Pennoni Honors College at Drexel University）以及巴恩斯基金會（Barnes Foundation）邀請我參與「當藝術家行為不端」研討會。

本書由衛斯理學院的紐豪斯人文中心（Newhouse Center for the Humanities at Wellesley College）暑期獎學金計畫部分贊助。感謝其他參與的研究人員以及我在衛斯理學院的同事，尤其是我的好同事朱莉．沃許，她是第一位完整讀完本書初稿的人。

我要對牛津大學出版社的編輯露西．藍道爾致上深切謝意，你是促使本書誕生的關鍵人物。感謝你一開始提議我寫出這本書，過程中耐心回答我源源不絕的問題，一路提供我支持與鞭辟入裡的回饋，和你共事真是無比愉快。

同時，我也要感謝漢娜．道爾以及牛津大學出版社其他成員，讓這本書得以問世。

本書撰寫期間恰逢新冠肺炎疫情爆發。我們夫妻與許多人一樣遭遇托嬰困境，那讓寫這本書變得更艱難。為此，我衷心感謝莎拉．馬特斯與傑西．布拉芙德特地從德州開車來麻州（為了安全起見，兩人還得在車上過夜），陪我們共住一個多月。他們幫忙照料孩子，讓我們不致被悶壞，我也得以繼續寫作。這是我倆兄妹長大後同住一個屋簷下最久一次，真是太好了。也感謝莎拉為書稿提供寶貴回饋。我還有一名偉大的母親，她同樣花了無數時間幫忙照顧孩子（當然，每次都還是要先隔離兩週）。感謝你特地調整生活搬來與我們比鄰而居，我很高興能常見到你，你的孫子更對能常去奶奶家無比興奮。我也要感謝我爸爸，本書讀者會在最後一章短暫讀到有關他的故事。爸，我很想你。

我最棒的孩子是孕育本書的重要養分。套句我們最喜愛的童書作家凱文．漢克斯（Kevin Henkes）的話，我想對孩子說：「你是不可言喻的奇蹟。」當然，在整個過程承擔最多的是我的另一半潔基．哈塔拉．馬特斯（Jackie Hatala Matthes）。感謝你一路上的支持。謝謝你的善良、你給予的愛、你的聰穎、你的廚藝、你的小幽默、你扮演的模範父母角色，以及你為本書提供的回饋。我愛你。

最後，感謝Team Boo。

前言

在大半輩子中，我都認為《愛與死》（*Love and Death*）是自己最愛的電影。那是一部一九七五年出品，以俄國文學為題材的諷刺電影。它涵蓋各式幽默，從高雅典故的致敬、插科打諢的鬧劇，到難登大雅之堂的冷笑話應有盡有。片中充滿跟哲學思辨有關的討論，讓當時仍是青少年，熱衷於哲學，後來還踏上哲學教授這條路的我注定喜歡上這部電影。由於《愛與死》沒那麼有名，你可能不太熟悉。這部電影的主角、導演跟編劇就是伍迪．艾倫。

對我來說，《愛與死》正是現在年輕人所說的「爭議作」。伍迪．艾倫被控訴曾侵犯年僅七歲的養女戴蘭．法羅（Dylan Farrow）。不僅如此，他最後還和前妻米亞．法羅（Mia Farrow）的女兒宋宜（Soon-Yi Previn）結為連理。雖然兩人是在宋宜成年後才公開關係，但兩人關係開始時，伍迪．艾倫顯然還是宋宜的家長。無論你如何看待這些指控，從此伍迪．艾倫道德敗壞的惡名不脛而走。我對伍迪．艾倫深感厭惡，但仍喜愛《愛與死》這部電影。（甚至其他像《漢娜姊妹》和《安妮霍爾》等經典作品）我熱愛的作品跟它不道德的創作者同時並存，讓我感到困惑、惆悵、憤怒與被背叛。我對這些複雜的情緒無所適從。

本書將試圖運用我最熟悉的哲學作為方法來梳理這些思緒。雖然上述內容可能只是我的個人經驗，但我想每個人都會面對這種困境，那就是心愛的作品卻出自道德敗壞的創作者之手，對此我們該如何反應？我們該怎麼做、怎麼想、又該有何種感受？我無法給出一個簡單明瞭的答案來回答這些問題。但對於敗德創作者以及他們在你我生活中扮演的角色，我可以提供一些論點和反思，讓你得出自己的結論。

在反思這些問題過程，我找到自己堅信的立場，但仍有許多難解的議題。因此本書另一個目的，是闡明為什麼我認為這些問題難以得到解答，並希望讓你體會到我感受的矛盾。

我想先清楚聲明本書**不會**做的事。首先，我不會調查、報導或評估任何特定人物的法律案件。我與調查記者的距離，如同與消防員或太空人的距離一樣遙遠。我會採用一系列真實案例，但目標不是解釋為什麼某位創作者行為不檢。雖然身為專攻倫理學的哲學家，這個問題確實屬於我的研究範疇，但與本書探討議題不盡相同。在書中，我會先假定藝術家行為的道德問題屬實，藉以探討伴隨而來的問題。以伍迪．艾倫的案例來說，假設針對他的指控屬實，我們該如何面對？側重在這一點，比較能避免重複描述當事人具體行為的細節。不過如伍迪．艾倫的案例一樣，書中仍無可避免提到一些細節。因此，我得提醒您，本書每一章多少都會探討到性侵案件，請斟酌閱讀。

本書也不是一部包山包海的詳論，或許會有很多我只概略提及或未及備載的案例。我的目的是以有趣的方式引導你思考，而非提供全面的邏輯範疇研究。你在閱讀過程必定會想起一些我沒提到的案例。那很好！你可以用那些案例檢驗我在書中提出的建議方法。

某些讀者可能很想聽我談談「取消文化」(cancel culture)，凡是提及道德敗壞的創作者，這個詞就如同迷霧般籠罩在相關討論上，讓人難以深究其他跟這個主題相關的複雜議題。我會在第三章嘗試揭開這層迷霧，但無論取消文化究竟意味著什麼，本書大部分內容都不會直接討論敗德創作者是否該被「取消」。如果跳脫取消文化的框架，我們將會更有餘裕進一步探索一系列有趣的問題，例如：創作者的私德是否會影響他們作品的美學品質？我們參與或享受這些作品是否符合道德？當我們喜愛的創作者做出或說出可怕的事時，該如何處理自身的矛盾情感？探究這些問題中的細微差異，能讓我們更有效理解其中爭議，假如說：為什麼當藝術家被控訴有侵犯之嫌時，某間博物館取消那名藝術家即將開幕的展覽是合理的，但要全世界畫廊都下架他的作品卻不合理。

過去在我教授倫理學課程的十幾年，總是會有學生帶著道德語言的問題來到教室，特別是關於「道德」（morality）與「倫理」（ethics）之間的關係。以前我會用《風流教師霹靂妹》（*Election*）電影中一幕回答這個問題，但顯然三十五歲以下的學生大多沒看過這部電影（如果你是瑞絲・薇絲朋的影迷，別錯過這部片）。你只需要知道我在書中會交替使用這兩個詞，但純粹是為了行文順暢，我不會特意區別其中差異。「美學」（aesthetic）和「藝術性」（artistic）也一樣。這類詞彙有很多細微差異，但在本書中你可以將它們視為同義詞。[1]

比爾・華特森（Bill Watterson）的漫畫《凱文的幻虎世界》（*Calvin & Hobbes*）中，有一幕主角凱文不滿嘟囔道：「好的妥協會讓每個人都不滿。」（A good compromise leaves everybody mad.）我寫本書的初衷並不是要調解各方爭議，但某方面來說，本書觀點確實像一種妥協，因為我心中仍深感掙扎。一方面我受夠一些擁有特權地位的人（像大多數知名的創作者），利用他們的地位剝削弱勢或宣揚仇恨言論。另一方面我也熱愛藝術，並相信我們不必為了對抗侵害者與偏執者而犧牲藝術。作家卻斯特頓曾寫道：「藝術就和道德一樣，都得要在某個地方劃出界線。」我認為只要我們在正確的地方劃出界線，就能在遵守道德與熱愛藝術之間取得平衡，可是這確實是個充滿挑戰的課題。你可能不會對本書最終結論感到完全滿意，但即便我呈現的願景不完全符合你的期望，我仍希望它能為你帶來有用的引導和啟發，幫忙描繪出自己的願景。你會如何劃下自己的界線？畢竟我們總得劃清界線，否則最終可能兩者兼失，藝術和道德兩頭空。

---

1 譯註：本書探討有關美學品質、藝術性等內容處，也會以審美、美感等詞彙替換使用。

第一章　惡魔值得同情嗎？

不道德創作者能生產出好作品嗎？

時間回到一九九四年。當時你可能還不會上網，也還沒有手機，只能聽廣播來消磨時間。此時，你聽到廣播傳來一首新歌，歌手是駕馭流行與節奏藍調的爆紅新人——艾莉亞（Aaliyah）。你聽過她的音樂，但這首歌是她出道專輯中的第三首單曲，你是第一次聽到。當你隨著節奏搖擺享受她的歌聲時開始留意歌詞，她那充滿青春氣息的嗓音，自信地將歌詞編織成誘人的旋律，最後，她堅定唱出這首歌的歌名：「年齡不是問題。」（Age ain't nothing but a number.）

你停頓了一下，心想：等等，她到底幾歲？因為要是答案不對，那年齡可是個大問題。

當天晚上你從MTV音樂臺得知，艾莉亞年僅十五歲。那首歌是一名二十七歲的知名製作人寫給她的，兩人已經秘密完婚，男方正是當時在樂壇如日中天的勞凱利（R. Kelly）。[1]

或許你對歌詞已有疑慮，當得知這些資訊後，你的聽歌體驗可能被大大影響。一名有權有勢的男人以性剝削方式誘拐想依靠他一圓星夢的女孩，這在道德上可大有問題。當下次電臺放到這首歌時，你可能會乾脆轉臺不聽，並表示：「噁！這種東西我根本聽不下去！」

如果你有類似經驗，因為發現某位創作者做出一些行為，而對他的作品有所疑慮，甚至拒絕再接觸作品，那你很可能會同意這點：有時我們無法將作者與作品分開看待。如果你基於道德和美學立場對創作者產生反感，並拒絕接受他的作品，那表示你不僅對創作者做出道德評斷，同時感受作品的方式也改變了。當然，未必每個人都會有這種反應。可能有人也會想：「勞凱利是變態，這些歌詞也有點噁心，但是……我真的好愛這首歌！」那表示你會給予創作者道德譴責，也會譴責這首歌，但對歌曲的美感評價卻不會因此受到影響。你可能會想：這首歌還不錯，只是勞凱利的行為和這首歌推崇的剝削關係不值得被鼓勵。相反地，假使你發自內心對這首歌感到厭惡，再也無法被它打動，而且只想趕快停止播放，那代表著勞凱利與這首歌的道德瑕疵已經影響到這首歌的美感體驗。在這種情況下，不僅勞凱利要為剝削未成年少女受到道德批判，他用來讚頌這種剝削關係的作品也同樣會受到譴責。也就是說，創作者的敗德行為，同時也敗壞你原本喜歡的音樂。

這起案例就像一場完美的風暴，創作者的敗德行徑、歌詞傳達的道德訊息以及這首歌的藝術成就，這些條件交織在一起形成災難性效果。但事情並非總是如此簡單。我們可以合理推斷，勞凱利的行為讓這首歌同時面臨道德與美學上的批判；然而，像這種眾多條件共同促成一致判斷的情況並不多見。在討論這類作品是否恰當時，有許多有待商榷的爭議內容需要解釋。換句話說，創作者的道德缺陷**不必然**減損他作品的美學價值，這也讓我們更難回答一個關鍵問題：我們該如何面對不道德創作者的作品？

如果以勞凱利為例，我們可以看見三種不同的批判標準：針對創作者本人的道德批判、針對作品的美學批判，以及針對作品本身的道德批判。前兩者都很令人熟悉，我們常聽到有人批評某人是混帳，或某本小說是陳腔濫調。但是要說一個**作品**本身有道德問題，究竟是什麼意思？通常，我們會批評某人有道德問題，但不會說某物有道德問題。持刀謀殺是壞事，但問題不在刀身上，它不過是在錯誤的時間出現在錯誤的地方。我們可能譴責朋友言而無信或譴責藉機行兇的人（第一種批判標準），但當我們說某幅畫或某部電影很糟糕時，通常指的完全是另一回事。

在評論作品時，我們的價值判斷常帶有鮮明審美喜好。人們會批評空洞的表演、生硬的文字、了無新意的故事或荒腔走板的歌聲（第二種批判標準）。但在這些批判中加入道德瑕疵是否合理？那就會屬於第三種批判標準，也就是給予作品本身道德評價。相較之下，我們不太會說某個事件有道德問題，即便它帶來危及數千人性命的災難性後果。當地震造成數千人傷亡時，我們會認為那是場可怕的悲劇，但不會因此表示地震不道德。天然災害與蓄意謀殺數千人的恐怖份子是截然不同的兩件事。雖然藝術品也是由人所創造，但作品本身是無生命體，像繪畫、雕塑或表演則是一種事件。即使我們可以批判藝術品問世後引發負面**後果**，並要求藝術家對此負起道德責任（例如電影或小說故意煽動暴力），但這和批評作品本身有道德問題仍大不相同。畢竟如果我們不會道德譴責地震這種毀滅性事件，那要說一個作品有道德疑慮似乎也難以成立。

然而，在這之中有一個差異之處：藝術作品有別於沒有特定觀點的板塊構造，本身能為這個世界帶來獨特觀點。藝術品提供各種情境，並祈使觀眾以特定方法回應。試想宗教藝術中受人景仰的聖人像或神聖符號，或作品中的悲劇英雄，例如《權力遊戲》（*Game of Thrones*）中被讚美、憐憫與畏懼的丹妮莉絲・坦格利安（Daenerys Targaryen）。這些作品會喚起觀眾特定反應，讓我們從中思考這些反應在道德上是否恰當。舉例來說，有時人們對作品中特定角色的反應，與這個角色被呈現的方式會形成反差，例如被塑造成反派的角色實際上卻能引發觀眾共鳴。有時，我們也會發現作品採用的觀點在道德上令人反感，例如推崇厭女情結的歌或美化種族暴力的電影。由於厭女情結和種族歧視在道德上都應受譴責，我們自然能批評具有道德瑕疵，卻要求觀眾接受其世界觀的作品。換言之，藝術品受到道德審視是合理的。

在當代，作品因為採用錯誤價值觀而被認定具有道德疑慮，是相當普遍的觀點；然而在過去並非如此。儘管在歐洲傳統中，有關藝術道德的哲學反思可以一路追溯到柏拉圖，後來休謨、托爾斯泰等人在著作中也有相關探討，但在不久之前，這項課題都還沒實際浮上檯面。二十世紀初到中期的美學深受形式主義影響，形式主義主張藝術的本質與目的，僅限於作品的形式特徵與其內在關係，而不延伸到作品外部因素。繪畫的重點是在線條、形狀、顏色、佈局，以及這些形式特徵如何在觀賞者心中喚起獨特的美學反應，而且這種反應是「無私的」(disinterested)。這不代表觀者不該對藝術作品感興趣（形式主義者絕對認為藝術是有趣的！）而是觀者應以超然態度專注於作品的形式特徵，任何無關乎形式的背景因素，如個人慾望、作品的歷史、道德與政治背景，甚至藝術家本人的資訊都應被排除在外。那是一個「為藝術而藝術」的時代。[2]

我們不難理解「為藝術而藝術」的擁護者認為藝術不應受到道德批判。假使藝術賞析應該關注的唯一對象是作品的形式特徵，那作品可能存在的任何道德訊息都與其美學無關。這種觀點的興起會與抽象表現主義（abstract expressionism）等藝術風格的流行同時發生並非巧合。當我們在探討羅斯科的色域繪畫，或波洛克的滴畫時，[1]確實很容易指出藝術品的倫理特徵與其美感體驗無關，因為這兩種作品本身似乎沒涵蓋任何倫理內容。

但當有些作品明顯要挑戰觀眾道德底限時，這種觀點就較難成立。假設我們堅稱《奧賽羅》、《格爾尼卡》或《辣妹過招》跟道德毫無關聯，那似乎完全搞錯這些作品的重點。不出所料，形式主義的影響十分短暫，過去幾十年來，哲學家與其他論者又重新將焦點放回藝術倫理的評價問題。

然而，一旦我們同意藝術作品本身可能具有道德瑕疵，就得面對另一個問題：作品可能受到道德批評這點，是否會讓作品的美感體驗大打折扣？例如〈年齡不是問題〉的歌詞是否除了有道德瑕疵，整首曲子也會因此變得難聽？對於形式主義者而言，光是批判作品中的道德觀就已不合理，何況作品的道德瑕疵是否影響美感。為了解決這個問題，哲學家和評論家得找出新的思維，才能進一步分析藝術作品的道德缺陷，以及這些缺陷如何影響美學體驗。要解釋一首歌因為推崇性剝削觀點而失去美感、變得難聽本身就是一項哲學挑戰，要釐

---

1. 羅斯科（Marks Rothko，一九〇三年—一九七〇年），拉脫維亞裔畫家，作品特色為整張畫只由簡單的矩形色塊組成。波洛克（Jackson Pollock，一九一二年—一九五六年），美國畫家，開創以各種媒材直接潑灑或滴在畫上的滴畫技法，畫作以複雜並帶有隨機性的線條構成。有別於重視敘事細節的寫實主義，羅斯科與波洛克作品皆無明顯敘事特徵，因此皆被列為抽象表現主義畫家。

清**創作者**的道德瑕疵與他創作的藝術成就的關係，又是另一層挑戰。如今這項議題比以往更值得受到關注，特別是#MeToo運動揭露許多創作者惡行後，我們更需要思考德行如何影響作品的道德與美學層面。究竟對創作者的道德批評，會如何影響作品的藝術成就？創作者偏差的行為是否讓他的作品變得更糟糕？伍迪．艾倫的電影會因此不那麼有趣嗎？麥可．傑克森的熱門舞蹈是否因此不值得跳？我們因為厭惡而不想聽〈年齡不是問題〉這首歌合理嗎？當我們的審美方式受到藝術家的道德疑慮影響而改變，該如何思考這種改變？

在試圖解釋藝術作品的道德與美學關係時，我們面臨的問題是：把這兩種類型的批判分開似乎理所當然。舉例來說，我們可能同意〈模糊界線〉（*Blurred Lines*）這首歌推崇的性觀點充滿道德疑慮，但不會因此認為這首歌變差。而即便覺得歌詞很糟，我們還是可能會隨著旋律搖擺。萊妮．里芬斯塔爾（Leni Riefenstahl）拍攝《意志的勝利》實際上就是在歌頌希特勒，但這部電影常被認為是個藝術傑作。換句話說，人們可能會認為道德批判與藝術批判兩者井水不犯河水。除此之外，道德批判與美學批判在力道上的差異，也可能進一步強化這個觀點。通常我們會同意純粹為了樂趣殺人是壞事，但在談起《白鯨記》的藝術成就時就有很多詮釋空間。

對於主張作品的道德意義與其美感息息相關的人來說，必須找到一種方法來彌補倫理與美感的鴻溝。這可能相當具有挑戰性。而這個問題也與試圖解釋**創作者**的道德品格如何影響他作品的困難類似，我們必須嘗試證明：對於創作者的批評會如何影響對其作品的批評？換句話說，如何證明「勞凱利剝削少女」會讓〈年齡不是問題〉這首歌變得猥瑣。如果我們能彌合作品中倫理與美學間的鴻溝，或許也能利用相同方式，將創作者的品格與其作品的美學品質聯繫起來。為了評估這項策略能否奏效，得先思考如何克服鴻溝。

根據哲學家貝里斯・高特（Berys Gaut）提倡一套重要的藝術倫理批評方法，人們能透過檢視作品期望觀眾產生的反應，來跨越倫理與美學的鴻溝。許多作品都嘗試激起預設反應，希望觀者表達特定感受或想法，從一些類型的作品來看，我們就更能理解這點。喜劇希望觀眾覺得好笑，悲劇懇求人們為角色感到悲傷。如果作品中具有不道德內容，我們卻無法產生應有回應，或認為產生應有回應是不恰當的，那這部作品或許能被合理視為藝術失敗。換言之，創作者會為作品賦予美學目標，如果沒有辦法達成目標，那代表作品在美學上有缺陷。[3]

當然，有時作品無法激起特定反應的原因與道德無涉，像有些號稱是喜劇的作品，卻完全無法令人發笑。當一部喜劇失敗時顯然是作品本身的問題，我們可能因為太爛而笑，儘管表面上同樣是笑出來了，但那不是正確的反應。啞然失笑常常是我們接觸失敗作品的反應，有時因為失敗方式太笨拙，有時則因為太荒謬。例如電影《魅影驚魂》（*Manos: The Hands of Fate*）原本是一部恐怖片，卻因為拍得太糟令人捧腹，後來還被《神秘科學劇院3000》（*Mystery Science Theater 3000*）劇組大肆嘲諷而出名。《神秘科學劇院3000》專門會挑一堆失敗的恐怖片與科幻片拍成一部喜劇大雜燴，但被挑選的電影原本都沒有要逗人笑的意思。

然而，如果是主打種族歧視或性別歧視等道德瑕疵的喜劇，那光是「種族歧視」就足以讓它失去笑點，因為種族歧視不應該是件有趣的事，觀眾有理由漠視劇中希望他們覺得幽默的笑點。從道德層面來看，觀眾不應該覺得好笑。方才提到如果作品試圖激起特定反應卻失敗，那該作品就有美學缺陷；假設笑點出現的時機不對或過於老套，那會是一個失敗的笑話。同樣地，我們也能說一個笑話因為帶有種族歧視色彩而失敗，上述這些都是讓作品變得不好笑的特質。如此一來，我們或許能將作品的道德意義與其美學品質連結在一起，主張當某部作品希望激起觀眾特定反應，卻同時給予觀眾不該有特定反應的理由，那它在美學上就是失敗的。換言之，當一個作品具有道德瑕疵，觀眾會被賦予不做出特定反應的理由，因為有所反應這件事本身是錯的。這裡探討的是哲學家所謂的「規範性」（normative）方法，它涉及在回應藝術作品時**應該**如何考量其道德意義的問題。這種方法能彌合倫理與藝術間的鴻溝，讓人理解作品的道德缺陷可能會削弱作品應有的美學價值。

或許你會擔心這樣一來，是否代表任何有道德疑慮的黑色幽默都不好笑。但我們都知道有道德疑慮的地獄哏還是可以很好笑。很多幽默都會踩在「適當」的紅線上，甚至大膽跨越紅線。若根據先前觀點，聲稱有道德疑慮的笑話都不好笑，那這個觀點一定有什麼問題。這麼說，難道整套理論都錯了嗎？

幸好並非如此。規範性方法沒有規定人們不該覺得地獄哏好笑。根據這套方法，失德內容有時會給人**覺得不好笑的原因**，但作品本身可能還是很有趣，甚至會讓人捧腹大笑。不過，根據這套觀點，如果人因為**某些原因**不依照作品預期方式回應，那某種程度上代表該作品具有美學瑕疵。例如你是否曾對一個地獄哏失笑同時，卻又皺眉知道自己不該笑？這正是因為你認知到某些原因讓你不該笑。整體來說，這個笑話可能還是很有意思，但沒辦法讓人給予完整回應，從這點來看笑話就不完全成功。（或許你會想，地獄哽不就是希望觀眾一邊產生會下地獄的尷尬，一邊又忍不住想笑，這不就代表地獄哽成功了？關於這點我們會再回來討論。）

先前，我主張笑話中的種族歧視內容會成為觀眾覺得不好笑的理由，因為種族歧視本身並不有趣。但你可能會指出，有一種類型的政治幽默，就是專門針對種族歧視等不道德情境，尋找其中的笑點（即使那些情境充滿悲劇性）。許多成功的喜劇演員像戴夫・查普爾（Dave Chappelle）、汪妲・賽克絲（Wanda Sykes）、克里斯・洛克以及趙牡丹（Margaret Cho）都證明這點。因為在某些高手口中種族歧視是可以變好笑的，所以不能以此推論一個笑話中的種族歧視內容，必然會讓人們覺得不好笑。

雖然在某些情況下，種族歧視可以被用來達到喜劇效果，但這不會削弱規範性方法的效力。因為我們能區分作品**表現出**的態度，以及作品**要求**我們採取的態度。帶有種族歧視的幽默要求人們認同種族歧視觀點，並從中找到樂趣。但政治幽默的作法並非如此——至少當政治幽默沒有擁護種族歧視的意圖時——它只是展現種族歧視的態度，然後**對其加以嘲弄**。廣義來說，這也是政治諷刺（political satire）體裁的一大特徵，但政治諷刺不會要求觀眾支持或認同它批評的政治體制。[4]舉例來說，HBO電視臺製播的政治喜劇《副人之仁》就是一個完美示範，這齣劇精準遊走在道德曖昧的灰色地帶，可是不要求觀眾認同其中內容。因此，規範性方法不會主張所有具有道德疑慮的內容都有問題，關鍵在於如何運用這些內容。[5]

不過，你可能會因為另一個更複雜的理由反對這種看法。你可能認為，雖然喜劇中的敗德讓人有拒絕跟著笑的**道德**理由，但那與作品本身的喜劇特質是完全分開的。[6]所以即便知道為種族歧視而笑會受道德批判，那仍不影響笑話本身是否好笑。換句話說，這就是將作品的道德意義與其他情緒反應分開來看，認為規範性方法處理道德與美學的方式，只是將這些各自獨立的類別混為一談。想想這個例子：奶油一定很美味，但絕大多數現代乳製品的製程都涉及動物虐待。因此你能說我們有道德理由不以常見方式回應奶油的美味，也就是特意不去食用、烹調奶油，或不欣賞奶油的濃郁香氣。然而，我們應該如何使用（或不使用）奶油的道德規範，並不會減損奶油的美味。我們該如何看待奶油的相關道德推論，與奶油本身帶給人好吃的味覺反應完全無關，正因如此，我們才很難全部投入素食的懷抱。

反過來說，你或許會想，我們從情感和美學體驗上獲得的反應，難道總能如此輕易與道德反應一刀劃開嗎？藝術作品給人的情感反應，有些是和道德判斷密不可分的。[7] 品嘗奶油的口感本身和道德思考沒有必然關係，可是對敘事性作品而言，諸如藐視、同情之類的情緒體驗就會是美學賞析中的必要關鍵。你不會藐視一個完全沒冒犯你的東西。光是這些案例還不足以解決幽默感的問題，因為我們還無法確定認為某件事好笑，是否具備道德層面的關聯。不過，儘管情感反應未必和道德息息相關，那不代表無法對這類反應進行道德批判。[8] 舉例來說，我們很常聽到有人說某些種族歧視或性別歧視的笑話不好笑。除非我們堅稱這些對笑話的反應毫無意義或不是認真的，否則就必須承認在某種程度上幽默確實與道德有關。[9] 無論如何，藝術作品引發的許多情感反應常會明顯與道德有關，因此人們是否應給予相應回應，依然能取決於作品的道德特質。

說到這裡，你可能開始擔心，我們一直在討論如何批判情感、判斷情感是否合理的話題，但情緒真的需要「合理」嗎？我不能感受到什麼就是什麼嗎？儘管跟別人說他們的感受不合理顯然不是什麼好點子（不信你可以試試看），但我們確實常認為自身情感會有適當與否的差別。舉例來說，想像你心心念念想要吃冰淇淋，打開冰箱卻發現冰淇淋被吃光了！這時你可能會對配偶生氣，指責對方怎麼吃掉了冰淇淋。但對方卻說：冰淇淋還在，只是被冷凍披薩擋住而已。頓時，你的憤怒就失去合理性，不僅如此你可能還會覺得有點尷尬。這樣看來，評估自己感受到的情緒是否合理，這個概念一點都不陌生。

我一直以喜劇為例，說明如何利用規範性方法處理道德與美學的關係。但這個概念不僅適用於笑話，更適用於任何希望引發反應的藝術作品。任何一部要求觀眾同情一個殺人犯、或對壓迫他人感到興奮的作品，都會面臨相同的問題，那就是這個作品要求我們以「基於道德理由應該拒絕」的方式給予回應。

既然已大致了解如何運用規範性方法處理有道德瑕疵的藝術，那可以繼續下個階段的討論：我們能不能用上述方法，來解釋有道德瑕疵的創作者，是否會導致其作品具有美學瑕疵，以及這是討論創作者道德評價的正確方法嗎？

你可能會想，難道不能直接把規範性方法套用在有道德瑕疵的創作者身上嗎？當作品中出現道德疑慮時，我們有理由拒絕做出作品期望的反應；那麼，我們也能以相同邏輯拒絕回應不道德的創作者。可惜，事情沒這麼簡單！你會發現要將這個框架套用在創作者身上前，還有許多挑戰得克服。

首先，創作者的私人生活與對他作品詮釋方式的關聯性有待商榷。藝術作品中的道德內涵之所以重要，是因為作品意義與觀眾被預期給出的反應直接相關。有可能是要求人們為了種族歧視而笑，也可能是要求為惡魔掉眼淚。作品預期觀眾產生的反應與作品的道德內容有著很清楚的連結。但是創作者的道德缺陷時常與他們作品帶給觀眾的反應毫無關聯。或許你知道，希特勒在成為惡名昭彰的獨裁者之前曾是一名失敗的畫家。他的畫作內容不過是一些平靜的街景，沒有什麼值得一提，自然也沒有什麼不道德之處。那麼希特勒的道德敗壞和他的畫作有什麼關係？我們會因為他做出傷天害理的事，就合理認定希特勒的畫變得不平和嗎？若是如此，那又是為什麼？

即使談到像希特勒這樣邪惡的人物，也不能簡單假定他的悖德與他的畫作有關聯。我們還是需要先**建立**起創作者道德特質與其作品的關係。雖然就希特勒案例來說，人們很難判斷是否該以他的敗德行徑決定看待他作品的方法，但從其他案例來說，我們需要用令人信服的故事，來解釋為什麼創作者的不道德行為與他的作品有直接相關。[10] 回到勞凱利的案例來看，對創作者的道德批評與他創作的多首歌曲內容就有直接關係。當我們聽到〈年齡不是問題〉的歌詞時，可能就會認為其中有道德疑慮；當知道勞凱利的所作所為時，似乎又多了拒絕歌曲希望帶給聽眾特定反應的理由。

或者，我們可以用這本書一開始提到的伍迪．艾倫來做比較。當伍迪．艾倫跟前妻米亞．法羅的養女宋宜結婚時，表面上兩人是從宋宜成年後開始交往（當時女方二十一歲），但兩人懸殊的權力關係中仍隱含剝削與濫權的疑慮。（此外，據稱伍迪．艾倫還曾在養女戴蘭．法羅七歲時猥褻她。）事實上，伍迪．艾倫常在自己的片中出演戀愛關係的男主角，通常還會搭配比他年輕許多的女主角，光是這點就可能讓人不太舒服（這簡直就是在考驗你能不能放下質疑的能力）。假使再考慮他跟現實中結婚對象的亂倫疑慮，我們或許更難從電影描述的老少配關係中得到共鳴。

但為什麼會如此？為什麼當作品內容反映創作者行為時，回應作品的方式也該跟著改變？有一種解釋是因為那提高了作品的道德風險，讓觀眾參與一個更具體的議題，目的是讓創作者本人尋求救贖。如果一部作品要求觀眾同情利用權力進行性剝削的角色，而且它的創作者也用相似方式行使權力，那這個作品似乎就成為創作者尋求道德救贖的一環。它讓原先觀眾對藝術作品似乎採納悖德態度的抽象擔憂，轉化成對現實生活中個體的直接影響，問題因此變得更具體真實。在〈年齡不是問題〉這首歌中，勞凱利實際上利用了年幼的妻子為充滿剝削的關係辯護，這讓艾莉雅再次受到剝削。既然我們在道德上有理由拒絕這種企圖，那就能拒絕聽眾應該認為這首歌性感的預期反應，不僅因為這種反應令人反感，也因為這條道德原則在現實生活中被打破。

用更廣義觀點來說，唯有當創作者的道德瑕疵影響或改變作品意義時，作品的美學價值才會受到影響。[11] 試想運動員的道德瑕疵如何被看待。我們絕不會接受麥可・維克虐待動物，那種行為無疑是糟糕的，但不影響我們看待他運動成就的方式。[2] 相較之下，蘭斯・阿姆斯壯使用禁藥的行為就不只違反道德，還與他從事的運動項目有直接關聯。[3] 我們會因此認為他是透過不正當優勢取得環法自由車賽的成就，這些成就的意義從此就改變了。以運動案例來看能很清楚看出其中差異，藝術作品其實也能以這種方式分辨。當創作者透過作品為自身的敗德行為辯護時，作品的意義隨之成形，進而影響它的美學價值。

就某些案例而言，創作者會有意透過作品為敗德行為辯護，例如勞凱利就是如此。但創作者即便沒有刻意讓觀眾落入代替贖罪的陷阱，作品也可能達到相同效果。儘管是否該遵

---

2 麥可·維克（Michael Vick，一九八〇年—），美式足球選手。麥可·維克是美國國家橄欖球聯盟歷史上跑碼數最多的四分衛，同時也是首名以選秀狀元身份入選四分衛的非裔球員。他效力於亞特蘭大獵鷹隊期間，曾涉嫌經營非法鬥犬場被判刑，並引發虐待與殘殺動物的爭議。麥可刑滿出獄後加入費城老鷹隊，後曾獲選為年度東山再起球員。

3 蘭斯·阿姆斯壯（Lance Armstrong，一九七一年—），職業自由車選手。曾罹患惡性睪丸癌，接受化療並切除睪丸與部分腦部後重返賽場，期間獲得七次環法自由車賽冠軍以及奧運銅牌，締造史上最長的連勝紀錄。然而他被調查發現長期使用禁藥以提升表現，並有計畫規避藥物檢驗，所有成績因而遭到褫奪。蘭斯·阿姆斯壯後續也坦承服用違禁藥物，自認若非用藥無法獲得如此成就。

循創作者意圖來詮釋作品這點仍存在爭議，[12]你可能也會認為，伍迪·艾倫並無意在電影《曼哈頓》中要求觀眾認同他的道德觀，但一部由飽受亂倫爭議批評的人自編自導自演，劇情還正當化中年男子與青少女戀愛的電影，那無疑會有為伍迪·艾倫現實生活中的行為辯護的效果。[13]有時候是作品脈絡，而非創作者意圖賦予作品替敗德行為辯護的功用，觀眾也可能因為這些特殊脈絡，不依循原先作品預期方式給予回應，像是基於道德理由拒絕接受電影中描述的浪漫關係，那創作者道德瑕疵的脈絡就會造成作品中的美學瑕疵。

讓觀眾參與創作中的道德救贖，是創作者生平可能影響作品的一種方式，但絕對不是唯一的方式。事實上，有時藝術家的生平反而能消弭作品中的道德陰霾（moral skeeviness）。舉例來說，假如有一首歌的歌詞與〈年齡不是問題〉相似，但是由珍妮佛·羅培茲為小她十八歲的男友創作與演唱，那麼我們可能會認為這首歌既大膽又浪漫，傳達對性別與慾望雙重標準的反抗，而不會著重在性剝削議題。或者單看艾莉亞這首歌，假使不考慮勞凱利的情況，那歌詞可能只是反映出一名十五歲少女的幻想。青少年時期對年長的人如電影明星、流行偶像等人物抱有幻想是典型的特徵，幻想本身沒有錯。問題是當知道這首歌描述的是一段真實關係時，它就越過道德的邊界。因此對創作者的了解，確實會以各種形式為作品帶來可能的詮釋空間，無論在道德上是好是壞。

讓我們回到喜劇的討論。先前提到，喜劇演員就是遊走在適當與不適當的界線間創造幽默的人，有時他們難免會越線，若責怪這種表現，等同於質疑喜劇演員的職業本身，這個議題我們在第三章會再探討。但無論笑話內容是否越界，內容與現實的關係都可能影響界線的位置。在電影《為人師表》（*Stand and Deliver*）中有一段令人印象深刻的劇情，一群資源不足的高中生被迫承認在微積分考試上作弊，但他們並沒有作弊。影片最後，其中一個人在「自白」中提到：他在考試前就從郵差手上偷來考卷，還把郵差殺人滅口，屍體就藏在他的置物櫃裡！因為這段臺詞寫得很精巧，所有人（包含觀眾）一聽就知道這是個笑話。而有趣之處就在於電影透過學生謊稱謀殺，突顯出那群學生被強迫作（偽）證的荒謬性。假設那名學生真的殺了郵差，那就不是開玩笑了！事實上整段對話會變得惡毒。喜劇演員與許多創作者經常也面臨相似情況。假使他們在無罪情況下講一些踩線的玩笑，那可能無傷大雅；但如果創作者本身有罪，那就可能越線，因為作品的意義已經改變。

喜劇演員路易C·K·（Louis C. K.）曾在一場演出中開玩笑說：「我喜歡自慰，而且不喜歡獨自一人自慰。」[14]這到底稱不稱得上是個笑話，就留給各位判斷。但當那個段子出自他口中，我認為明顯就不好笑，因為他曾被多名女性控訴在有道德疑慮情境下在對方面前自慰，他也坦承屬實。由此可知與創作者相關的事實，會讓「適當的界線」在哪裡產生改變。[15]

或許最能看出創作者所作所為如何影響我們對作品詮釋的方法，就是不要只把焦點放在創作者的行為，而是專注在他們的信念。如果仔細回想，你會發現**除非**創作者的行為反映出他不道德的信念，不然不一定會對詮釋作品產生負面影響。舉例來說，有一名藝術家曾犯下謀殺罪，事後悔恨不已，而在終其一生都虔敬地透過創作嘗試解決自身的內疚與羞愧。這名藝術家的生平顯然就與作品意義密切相關，但他不道德的行為（謀殺）卻不會讓人對他的作品產生負面印象。相較之下，若有某個藝術家對殺戮樂此不疲，還滿懷喜悅描繪自己犯案過程，企圖邀請觀眾共享虐待狂般的快感，那我們就有充分理由拒絕藝術家期望的反應。創作者的悖德行為會被認定可能與他的作品成功有關，其中的關鍵似乎是作品

認同他們本身不道德的行為。[16]這點在創作者運用作品為自身行為辯護時就格外明顯。路易C·K·的自慰笑話之所以令人感到厭惡，就在於那個笑話反映出**他本人不認為自己做錯任何事**。

但這項觀察也顯示，我們應該小心詮釋創作者的行為與其作品意義的關係。人非聖賢孰能無過。透過藝術來探究人們犯下的錯，本質上沒有任何問題，能這麼做正是藝術最大的價值之一。哲學家克里斯多福·巴特爾（Christopher Bartel）曾以強尼·凱許為例，[17]指出有時藝術家的道德困境會讓他的作品獲得更正面美學評價。[4]我們沒有理由認定凡是有道德瑕

---

4 巴特爾在其論著〈平凡的怪物：倫理批評與藝術家的生活〉（*Ordinary Monsters: Ethical Criticism and the Lives of Artists*）中以美國知名鄉村歌手強尼·凱許為例，指出某些具有道德瑕疵的藝術家，由於過往遭遇苦難而受到人們同情、理解與寬恕，進而對其創作產生正面道德評價。強尼·凱許曾對安非他命上癮，但後來戒除毒癮，成為一名虔誠的基督徒。他與生命的奮鬥獲得基督徒粉絲敬重，也讓他創作的歌曲受到極高美學評價。文獻參考自Bartel, Christopher. "Ordinary Monsters: Ethical Criticism and the Lives of Artists." Contemporary Aesthetics, vol. 17, 2019, article 18.

疵的人，就會做出美學成就較低的作品；關鍵在於藝術家的不道德行為**以何種方式**融入作品，這可能影響作品意義，從而影響藝術成就。

這時，可能會有一名學識淵博的讀者舉手發問（通常他會是主修文學的學生），說道：「但是，不是說『作者已死』嗎？」[18]確實，某些文學與藝術批評流派會試圖推翻創作者角色，勸告讀者在消費與批評藝術作品時，盡量不去想作者生平。但作者已死的概念其實是指應該謹慎處理作者的意圖或生平，而不要過度強調，以免影響對作品的詮釋，這不代表就要完全忽視作者的存在。事實上在當代藝術評論中，有關作者生平與對其作品詮釋的概念並不陌生。比方說巴洛克時期的畫家阿特蜜希雅・真蒂萊希（Artemisia Gentileschi）的畫作《茱蒂絲斬首荷羅芬尼斯》（*Judith beheading Holofernes*）描繪一幅女性斬殺男性的血腥畫面，在知道這幅畫的創作者是女性時，可能會改變觀眾解讀的方式（相較之下，許多男性畫家在繪製同一主題時顯得溫和許多）。若考慮到十七世紀義大利女性藝術家面臨的艱難處境，又會為作品增添更多意義。如果知道她曾遭受自己的導師阿戈斯蒂諾・塔西（Agostino Tassi）性侵，再檢視畫中真蒂萊希與茱蒂絲、塔西與荷羅芬尼斯的相似處，就又會多一層詮釋空間。這樣看來，真蒂萊希的背景知識當然會影響觀眾解讀的角度！[19]這未必是唯一視角，若將解讀侷限在作者生平也可能有風險，但這絕對是我們能採用的角度，了解這些事實也能增添欣賞藝術的深度。[20]從真蒂萊希案例來看，我們能輕易看出作者生平的重要性。意外的是有些評論家對這個概念十分抗拒，不願接受藝術家的私德可能（而非必然）與作品意義有所關聯。[21]

至此似乎已經有了答案。我們可以藉由規範性方法搭起鷹架，在創作者的道德瑕疵與其作品的藝術瑕疵之間架起橋梁，從中思考藝術創作的道德缺陷會如何減損作品的美學價值。當創作者的不道德行為，讓觀眾得到不以預期方式回應作品的充分理由，因為那些行為改變作品的意義，那創作者的道德瑕疵實際上就可能讓作品成功度下降。這些考量因子並不具有決定性，對藝術作品意義的解讀永遠都會充滿爭議。但規範性方法提供一個穩固的基礎，讓人們能將創作者的道德生活視為詮釋作品時可能相關的一部分。在下一章中我們也將看見，這是為什麼真實接觸藝術作品是如此重要的原因之一。當藝術家似乎在利用創作技藝為自己辯護時，這一點將更加明顯。當作品出自惡魔之手時，我們會有更充分理由不同情作品中的「惡魔」。

規範性方法的重點在於告訴人們**應該**如何回應藝術。然而，若你對這整套以規範來看待藝術的作法仍心存疑慮，或許你會認為人們「應該」如何回應藝術作品這點根本沒什麼意義。這套標準從何而來？通常人們只是如實做出自己的反應而已。因此，我們真正該留意的是創作者品行不端的事實，確實會影響觀眾對其作品的投入。透過只聚焦在描述觀眾的真實反應，我們可以不用回答「觀眾應該如何回應作品」的複雜規範性問題。

幸運的是，正好有套類似規範性方法的策略可以派上用場。我們將它稱為描述性方法（descriptive approach）。這套方法與規範性方法在結構上相似，但將重點從思考觀眾**應該**如何回應作品，改為觀察觀眾**實際上**如何回應作品。換句話說，描述性方法要求我們**描述**觀眾對作品的真實反應，並以此為基準，評估道德與美學間的關係。與規範性方法一樣，首先我們可以從一個觀點開始，假定藝術作品常試圖喚起觀眾特定反應，尤其是敘事性作品。我們可以描述這類作品希望觀眾產生的普遍回應，通常是會努力讓觀眾融入故事情節，希望人們進入作品中的想像世界，並透過這種方式讓人接受特定命題（例如龍族存在於這個世界）。然而，有時作品中的不道德內容可能讓人抗拒這種想像性投入。當作品中的道德瑕疵增加想像的阻力，讓人難以融入故事，那個作品的藝術性就會大大減損。正如規範性方法顯示，我們仍能透過描述性方法主張作品可能因為未達成美學上的目標而有瑕疵，不同的地方在於，規範性方法主張，當作品讓觀眾產生不予回應的**理由**時，作品就有瑕疵；描述性方法則主張無論觀眾應該做出何種反應，只要實際上無法產生完全正確的回應，作品就有瑕疵。[22]

有鑑於此，與其擔心創作者的敗德行為會如何影響人們**該**如何回應作品，描述性方法提供一套完全避開規範性問題的路徑。別管應該如何回應了！從描述性方法來看，如果有人真的因為知道創作者的敗德行為，而抗拒投入作品，那作品似乎就會因為無法達成目標變得沒那麼成功。如果你因為知道伍迪·艾倫和宋宜的亂倫關係而不想看《曼哈頓》，甚至只是讓你在看的時候不禁分心想這件事情，那就代表伍迪·艾倫道德品格中某些面向，已經介入並阻礙這部電影的藝術成就。透過描述性方法，我們似乎也能規避掉作者生平與作品內容間的關係問題。如果知道眼前的畫出自希特勒之手，你就會因為厭惡而轉身離開，那即便作品描繪的只是平靜的城市街景，似乎也能說它是個失敗的藝術。

然而，描述性方法也有缺陷。正因為描述性方法將焦點轉移到觀眾實際給出的回應，而非觀眾應該如何回應，而無法充分解釋創作者的道德瑕疵為什麼造成作品的美感瑕疵。實際上，我們還不太清楚描述性方法是否能充分解釋「為什麼創作者的道德失當帶給你的反應會與他們的作品有關」。從某些層面來看，如果創作者的人品讓你無法享受他的作品，這對創作者來說不是好事，但不代表作品本身就失敗，就算創作者品德會反映在作品內容中也一樣。畢竟單就創作本身來看，作品沒有讓你抗拒的來源。想像你私底下認識某個藝術家，對方每次都會佔你便宜。你可能因此不想接觸他的作品，但這不代表他的創作在美學上是失敗的。作品的藝術成就不會因為你和他的個人恩怨有所減損。更甚者，假設某個演員長得很像曾霸凌你的人，你可能會不想看他演出的劇作，[23]這很遺憾，但與那名演員作品的美學瑕疵無關。假設真的是如此，創作者的敗德行為跟一般我們發生衝突的人相比，又有什麼不同？

即使這個問題可以克服，除了創作者與作品的關聯，描述性方法還要面臨另一個大挑戰。根據描述性方法的原始脈絡，假設一個作品的道德瑕疵阻礙觀眾投入其中，那個瑕疵就能被視為美學瑕疵。但如果觀眾沒有因此受到阻礙呢？描述性方法畢竟只是在「描述」，而非規範，所以無法解釋為什麼人們**不應該**以特定方式參與有道德瑕疵的作品，尤其是當瑕疵實際上不影響人們沉浸在想像世界時。如果將描述性方法套用在創作者身上，也會有一樣問題。如果創作者的行為沒有影響到任何人的真實感受，那我們也無話可說。也就是說，有時根本沒人在意！當然，你可能會想反駁說：觀眾不應該只是一群對創作者敗德行為視而不見的沒思想的傻瓜！他們**應該**要在意才對，即便他們其實不在乎。如果你認同這種想法，那描述性方法恐怕會讓你失望，因為它無法提供任何批評人們對不道德藝術行為反應的依據。因此，這套方法的有效性比規範性方法更有限。

更麻煩的是，有時創作者的悖德行為可能並非廣為人知。在近期傳出眾多知名創作者的道德爭議事件中有一項顯著特點，就是這些人的敗德事蹟是**被揭露**後才為人所知。我們是否該認為打從一開始，創作者的行為偏差就會導致他的作品存在美學瑕疵，即便當時人們還一無所知？或者其實得等到他們的行為被揭露，才會影響作品的美感？前面討論到的兩種方法，會分別以不同方式回答這些問題。

從規範性方法的角度來說，創作者的道德瑕疵讓人有理由不以作品預期方式回應。由於觀眾不應該依照作品要求方式給出反應，在某種程度上作品就有美學瑕疵。但當觀眾不知道創作者的道德過失，這個考量似乎就不適用了。因為那會違反一項人們廣為接受的道德原則：「應當意味著可能性。」（ought implies can.）意思是說，如果聲稱某人應該做某件事，那前提是他必須能做到，否則這項規定便無關緊要，最糟的發展則會變得無理取鬧。換句話說，假設觀眾應該因為創作者的敗德行為拒絕回應他的作品，那還是得先考量到這點；如果根本不知道創作者究竟有沒有道德問題，那就不能將是否拒決回應作品列入考慮。當然，有些觀眾在觀賞作品時可能正好沒完全投入其中（可能出於分心、可能作品本來就不太好），從結果來看，他們的回應還是符合規範性要求，但那不是出於正確理由這麼做。因此，即便在某種意義上，作品原先就存在美學缺陷，但在創作者過失被揭露前，作品背後蘊含的不道德理由實際上對眾人而言是不可得的。這似乎導向一個合理解釋：道德與美學瑕疵確實存在，只是人們還無法對此回應。

另一方面，描述性方法則反映另一層考量。這種方法主張觀眾對創作者的道德過失做出的真實反應，將阻礙作品的藝術成就。但如果還沒有人知道創作者的不道德行為，那作品似乎就能免於受到影響。假使觀眾不知道路易C．K．曾性騷擾女性，那我們就無法確知他的行為是否影響觀眾，讓觀眾對他的表演產生負面觀感。

主張採取描述性方法的哲學家諾爾．卡羅（Noël Carroll）曾以類似模式試圖解決一個令人困惑的案例。截至目前為止，我提出的描述性方法似乎都只仰賴觀眾的真實反應，卡羅則為這項條件加入彈性空間，他指出描述性方法未必永遠只看觀眾**當下**的真實反應：「即便觀眾未能察覺其中的道德瑕疵，那個藝術作品仍可能存在美學瑕疵。這些道德瑕疵就像定時炸彈，等著被道德敏感的觀眾、聽眾或讀者發現，進而觸發美學的爆炸。」[24]當然，卡羅注重的是作品本身蘊含的不道德觀點，我們則要將這個框架套用在創作者德行上，但道理仍適用。即使觀眾不知道創作者過去的行為，我們仍能說當時作品已經受損，因為一旦觀眾得知創作者真實的所作所為時，他們的反應必定會受到影響。以近期爆發的道德爭議案例來看，確實挺像卡羅描述的定時炸彈。這種方法也讓我們能免於一種奇怪的說法：一旦藝術家道德品格被揭露，他作品的美學就會在一夕之間忽然變差。這種說法彷彿在說作品原先沒什麼問題，直到某天，一則重磅新聞發表就忽然多出一堆缺陷。假設改用卡羅的觀點，就能解釋為什麼有些創作一直都有瑕疵，只是過去沒有被發覺。這也會賦予觀眾另一個了解作者品格的理由，否則他們可能一直都在接觸有道德瑕疵的創作卻不自知。（但如果屬實，這對小報和八卦部落格來說倒是好消息。）

然而，即便這招對創作中的道德缺陷有效，如果想嘗試應用在藝術家本人身上，事情就會變得更複雜。我們可以這樣說：無論觀眾是否察覺，作品的道德瑕疵始終都存在。[25]但創作者的不道德惡行卻很可能是在作品完成後才發生，像伍迪・艾倫的電影就是如此。根據卡羅的論點，藝術創作並非因為觀眾忽然無法再與他們正常互動才變差，而是打從一開始就帶有瑕疵，只是觀眾還未發現。可是如果那個作品早在創作者犯下惡行前就完成，我們就無法如此主張。因為具有爭議的道德瑕疵並非原本就在作品中。當作品完成時，事情根本還沒發生。

回應這種擔憂的方法之一，是將關注焦點從創作者的特定行為轉移到他的人格。目前為止我的說法都比較寬泛，會將創作者的敗德行為與他們失德品格兩種詞彙交互使用。然而你或許會想，雖然特定行為才會揭露創作者的品行，但他的敗德人品其實一直都存在，因此不會有創作者的後續行為讓先前完成作品忽然變糟的問題。真正重要的是創作者的品格，不良品格可以被視為一種定時炸彈，或許要等到他們做出特定行為時才會引爆，但從頭到尾都在倒數計時。

不過，這種思考方式至少還存在幾個待解決的問題。首先，它似乎是說道德品格以某種奇怪的方式獨立於個人實際行為之外，彷彿命運早已決定我們是好人或壞人，但大部分人實際上不會這樣看待品德。關於道德另一種常見思維則是，我們是**透過**自身行為來塑造自己的道德品性。若聲稱某個藝術家在還沒做錯任何事前就已道德淪喪，那會與我們熟悉的道德品格思考方法有所衝突。更甚者，以描述性方法處理職業生涯較長的創作者時，會遇到更多障礙。即使同意一個人還沒做出任何敗德行為前，他的品格就能受到質疑，這種質疑也只在對方生命一定範圍內適用。舉例來說，認為晚年遭指控虐待兒童的麥可·傑克森，早在參與傑克森五人組（The Jackson 5）演出時就**已經**道德淪喪實在很難讓人信服。我這麼說還不是因為我也是傑克森五人組歌迷，而是因為我們實在難以相信當時年僅六歲的麥可·傑克森就會有道德缺陷。

上述種種關於觀眾何時可能對創作者敗德行為做出反應，或怎麼樣才會產生反應的思索，又會帶出另一層問題。你可能會問，為什麼我們只專注在觀眾對藝術品的**反應**？無可否認，觀眾的反應是我們評估一件作品藝術成就的一環，但並非全部。許多偉大的作品都沒有立即得到觀眾認可，再者，真正重要的應該是觀眾回應的**內容**。過度關注觀眾對作品的反應，可能會分散我們對真正重要事物的注意力。舉例來說，根據一套深具影響力的藝術本質思維，藝術作品基本上是創作者內心思想與情感的表達形式。假設創作者的道德淪喪，那你可會擔心他腐敗的品性滲透到創作中。如果藝術能讓人接觸到創作者靈魂，那我們可能因此暴露於一些腐敗而扭曲的事物之中。[26]

然而，這種觀點似乎仰賴將創作者分成聖人或惡人角色，並假設無論創作內容為何，惡人的品格都將腐蝕其作品。畢竟這種想法認定作品不分主題都展現出創作者的內在精髓。但如此一來，我們又會被迫回到希特勒的問題上，得被迫接受希特勒的水彩畫中隱含某種黑暗的想法，卻找不到任何支持理據。同時，將創作者分成正義與墮落一方也是愚蠢的。人是複雜的，將人類性格如此簡化二分，並以之理解藝術中的道德意義無疑是死路一條。我們可以把道理轉換成一個兩難問題：人們要不是完全性善／性惡，就是不服膺此種二分法。倘若以最極端的惡人希特勒為例檢視這項表達理論，我們會遇到一直想避開的問題，那就是希特勒的畫作無論在道德上或美學上都被他玷污了，這聽起來是無稽之談。如果我們無法用善惡全然二分人類，而是將人視為可能做出好事跟壞事的複雜個體，那就得解釋為什麼創作者在作品中展現的內容**必然**與他性格中良善或邪惡一面有關。當創作者的作品與他的不道德行為缺少主題關聯時，又為何認定作品中必然展露任何涉及惡劣行為的特質？勞凱利還有很多與性剝削無關的歌，我們也可以想像他做出一首沒有歌詞的氛圍音樂，從這個例子來看，無論勞凱利個人成敗如何，我們都無法確認這種歌是否傳達任何道德疑慮。

最後，關於聚焦在觀眾反應這點，還有一個重要面向得討論。本質上，道德具有社會性，它關乎人與人之間的關係。當我們指出某種行為是錯誤的，或某人很腐敗時，一部分是指那種行為或人理應成為道德譴責對象。當這項道德特徵與藝術參與互相結合，並且藝術參與包含觀眾的存在（即使有時只是一兩名觀眾），我們會聚焦在觀眾對創作者與作品特徵的反應便完全合理。這裡的重點不是觀眾的反應決定一切，而是觀眾的反應跟作品的道德與美學特徵之間存在一種揭示性關係。但即使前述探討問題都能解決，觀眾也確實因為創作者的道德瑕疵對作品產生抗拒，仍有複雜的課題需要考慮。最初，描述性方法彌補道德倫理與美學間的鴻溝，指出作品的道德瑕疵可能阻礙藝術成就。然而，當我們以這種方法建立道德與美學的關係時，會引發一個有趣的概念。我們常認為創作者克服藝術挑戰的能力本身，就是藝術品質與成功的標誌，那假設將作品的道德瑕疵視為一種藝術障礙，上述觀點暗示了創作者如果克服這項障礙，就能達到藝術成就。這導致描述性方法為哲學家所謂的「敗德主義」（immoralism）打開大門。[27]

根據敗德主義觀點，藝術作品的道德瑕疵有時反而會讓作品達到獨特的美學成就，因為在創作過程，藝術家得先克服這道美學障礙。典型例子可以從哲學家伊頓（A.W. Eaton）借用休謨所謂「粗野英雄」（rough heroes）的概念中看見。粗野英雄這類角色即使有明顯道德缺陷，作品仍邀請觀眾與他們產生共鳴。這種概念跟反英雄不同，反英雄即使具有道德瑕疵依然是善良的一方（例如《星際大戰》中的韓索羅），[28]粗野英雄則有著無可救藥的缺陷。想想《沉默的羔羊》中的人魔漢尼拔．萊克特。漢尼拔是個食人魔，他在電影中犯下許多極其惡劣的道德罪行，有一幕他甚至割下一名男子的臉戴起來當面具。你可能會猜觀眾對這個角色很難產生認同，然而在影片最後，漢尼拔談笑風生，即將吃掉一名心理學家奇爾頓醫生（Dr. Chilton），還邀請觀眾一起享受他的笑話。[29]相較於漢尼拔，奇爾頓醫生這個角色沒有那麼道德淪喪，但電影卻設法讓他比漢尼拔還不討喜，而且觀眾還買單了！我們沒有對漢尼拔的笑話反感，電影也不希望如此。於是，當漢尼拔悠閒展開復仇與他下一頓大餐時，觀眾也不禁露出邪惡的微笑。根據敗德主義論點，這部電影透過成功讓觀眾對漢尼拔產生認同達到藝術成就。原先漢尼拔敗壞的人格應該引發觀眾心理抵制，並成為作品的藝術缺陷，但電影卻克服挑戰。這本身就是一項美學成就。

當我們考慮給予創作者（而非作品）道德批判時，是否也會發生類似狀況？如果我們假定一名創作者的道德瑕疵會成為藝術瑕疵，讓觀眾無法投入他的作品，但他依然能讓觀眾欣賞他的創作時，是否代表他的糟糕人品反而讓他成為更偉大的創作者？

試想要是《沉默的羔羊》的導演實際上是一名食人的連環殺手，而且這是眾所周知的事實；又或者扮演漢尼拔並拿下奧斯卡金像獎的安東尼．霍普金斯本身就是一名連續殺人魔（這裡要向安東尼爵士先說聲抱歉。）[30]這些行為若都屬實，觀眾卻仍因為影片或演員演技對漢尼拔產生共鳴，某種程度上那確實很了不起，但那算特別的藝術成就嗎？

如果你對這個例子有所遲疑，或許意味著我們得重新評估描述性方法將創作者道德特質與其作品藝術成就相連結的概念。如果創作者的道德缺陷確實可能影響到觀眾反應，讓他們對作品的評價變糟，那就不能排除另一種可能性——道德缺陷也可能讓作品變得更好。除非找到一種令人信服的說法，解釋後者為什麼應該被排除在外，否則我們就得理所當然拒絕接受前者主張。

除了對敗德主義的擔憂，有另一個可能的理由讓你覺得創作者的道德缺陷反而能使他的作品昇華。我們常常會從藝術作品中尋找道德啟示，也可能認為要接觸到某些新穎的悖德觀點，就得先有不道德的人格。舉例來說，即使創作者未必要真的殺過人才能洞察謀殺的本質，人們可能還是認為一些道德上有爭議的性格，能讓創作者更深入這類領域。如果這個想法還沒打動你，你或許也曾認為藝術天才需要一些特殊的性格，這些人格特質往往使他們背離道德規範（儘管有些伍迪．艾倫和羅曼．波蘭斯基〔Roman Polanskis〕的死忠擁護者會太放大這種概念）。[5] 名氣響亮的創作者時常是隱士、局外人以及性格乖僻的人，如同評論家查爾斯・麥格拉斯指出：「藝術，尤其是偉大的藝術殘酷之處在於，它要求從業者以某種不近人情的方式專注於自身。」[31]

這些說法或許都沒錯，但若說那「一點點」不近人情之處，是為了換取偉大藝術所付出的代價，那對受害人來說恐怕稱不上任何安慰。本章的討論提供一些可能的工具，讓我們解釋為什麼創作者的道德瑕疵可能會損及其作品的藝術成就。我主張我們需要採用規範性方法，來辨識在哪些具體情況下，人們有正當理由聲稱一名創作者行為對如何詮釋其作品意義產生影響，並且有時會影響作品的美學成就。然而，即使創作者的敗德品性不必然讓作品

5 羅曼・波蘭斯基（Roman Polanski，一九三三年—），法籍波蘭裔導演，代表作有《水中之刃》、《唐人街》、《戰地琴人》等電影。一九七七年，波蘭斯基在美國遭控訴下藥性侵一名十三歲少女，他在認罪後到判刑前畏罪潛逃法國。之後，他陸續受到多起性侵控訴，但仍繼續拍攝電影，並於二〇〇二年以《戰地琴人》獲頒奧斯卡最佳導演獎與坎城影展金棕櫚獎。二〇一八年波蘭斯基遭美國影藝學院除名，但在二〇一九年仍以《我控訴》獲頒威尼斯影展評審團大獎。

的藝術成就變更差，人們仍可能有理由不再接觸那些作品。有另外一種觀點則是主張：我們應該停止聆聽勞凱利的歌或觀看伍迪．艾倫的電影，不是因為這些作品在藝術上不再值得欣賞，而是因為無論它們美學價值如何，欣賞作品本身在道德上就是錯誤的。接下來將探討這些論點。

第二章　共謀與團結

欣賞不道德創作者的作品，錯了嗎？

麥可・傑克森逝世那天，我人在布達佩斯。當時我和朋友去旅行，我們在外面探險一整天後回旅館休息，隨意轉著電視頻道，只是想找些不是匈牙利文發音的節目來看，當我們轉到英國廣播公司頻道時得知消息。當晚，我們走過一座公園，看到成群的人聚集在樹林間，手持蠟燭在麥可・傑克森的照片旁邊哭泣邊擁抱彼此。當時我顯然既無知又狹隘，我剛從大學畢業，也沒見過什麼世面，看到這場在美國境外為一名美國流行巨星舉辦的自發性哀悼活動令我大受震撼。顯然與世界脫節的是我，麥可・傑克森之死可是場世界級的大事件。

時間快轉到今日，麥可．傑克森經歷非常不同的時刻。二〇一九年時，HBO紀錄片《離開夢幻島》（*Leaving Neverland*）重新喚起對這名流行偶像的兒童虐待指控。儘管紀錄片內容令人震驚，但卻早已為人熟知，我甚至想起早在中學時期就聽過人們開麥可．傑克森戀童的無聊玩笑。二〇〇五年，麥可．傑克森甚至因為涉嫌猥褻兒童受審，最終無罪釋放。隨著#MeToo運動興起，這部紀錄片順應新的文化脈絡推出，這次社會大眾更加嚴肅看待片中指控。人們不再拿麥可．傑克森開玩笑，而是改撥打客訴電話到各大電臺，要求他們不再播放他的歌。

在上一章中，我們討論了創作者的道德缺陷是否會讓他的作品美感變差，其中，我主張當藝術家的私人行為改變作品意義時，他們的不道德行為確實可能讓作品的美學品質打折扣。但我想那些打電話去抵制的人並非認為麥可．傑克森的歌變難聽了。首先，我們很難看出針對麥可．傑克森的性侵指控，如何合理改變他大部分音樂作品的意義（儘管可能有些歌例外）。他沒有像勞凱利一樣會在名列排行榜的熱門歌曲中公然吹噓自己的敗德行為。[1]再者，就算麥可．傑克森的音樂意義真的從此改變，因為作品美學變差就去抵制一名創作者也是很荒謬的事。誰會這麼做？你可以跳過難聽的歌就好。如果擔心的是廣播，那我們早就在廣播電臺上聽過一堆爛音樂。不，人們對麥可．傑克森的抵制呼聲並非出自美學考量，而是出於另一種擔憂，那就是無論一部作品在藝術上有多傑出，持續欣賞涉嫌性侵兒童的人的作品在道德上就是錯誤的。

常常有人說，他們特別不願意為悖德的創作者提供**經濟支持**。這種想法背後，或許反映人們認為靠著藝術成就取得高位的強暴犯與施虐者難以被懲罰，而停止把錢放到惡人口袋或許是個人最起碼的行動。因為無論創作者的藝術多偉大、你多喜愛他們作品，提供臭名昭彰的施虐者經濟利益就是錯的，人們有正當道德理由不再透過消費資助他們。這種經濟論點，對即便是認為人們沒有義務停止消費悖德創作者作品的人來說也很合理。例如美國電視評論家艾米麗．努斯鮑姆（Emily Nussbaum）在美國全國公共廣播電臺訪談中，曾為自身工作需要評論有道德瑕疵作品的立場辯護，但她同時也對一些人拒絕支持那些作品的經濟理由表達理解。[2] 她指出：「我的工作是對創作本身進行回應，並找到能處理這些作品的方法。

但我完全理解你不想讓比爾・寇斯比（Bill Cosby）荷包滿滿的原因。」[1]

填滿他們的口袋、豐厚他們的財庫、讓他們打造舒適的房屋，這些話都被用來描述財務支持如何讓一名不道德創作者**受益**，也解釋為什麼在考量他們的道德過失後有理由不這麼做。儘管這種以結果為導向的思考路徑看似簡單明瞭，卻面臨一系列挑戰。

首先，從物質利益角度來看，個人的經濟支持對一名小有成就的藝術家來說其實不具有顯著道德影響。對一名地鐵站的街頭藝人來說，觀眾每一分錢都很重要；但對具有名氣的藝術家而言，個人的消費行為幾乎沒有影響。無論是電影票、音樂節門票或專輯，拒絕購買帶來的影響常小到不成氣候。這不是說個人的消費行為毫無意義，但可能只讓創作者少賺一點錢（甚至可能一兩塊錢）。[3]重點是那不足以構成道德意義。如果一個人選擇透過停止金援影響不道德創作者的物質生活，或藉以表達不認同，他抵制的行為需具備實際可能性。假設不繼續贊助創作者只會造成難以計算的微小影響，這種行動就缺少效力又難以被察覺。尤其在當代娛樂產業環境中，音樂和電影常透過串流平臺傳遞，讓問題變得更加複雜。消費者經常透過支付Netflix、Hulu或Spotify等網站月費接觸作品（有人會同時訂閱三家），而非直接向不道德創作者付錢。如此一來，個人的抗議力道就不會用金錢計算，而是取決於點閱率或演算法中的小小行為，這都讓個人行動與直接給予特定藝術家財務支持愈來愈遠。當然，如果所有人（或至少一大群人）一致決定停止贊助某位藝術家，那確實可能對藝術家生計造成重大衝擊，並能傳遞抵制訊息。問題是我們無法代表所有人，只能代表自己。

這是道德理論中常見的問題。一大群人若獨立或共同行動可能帶來實質性改變，但個人單獨行動則顯得無關緊要。全球氣候變遷是個嚴重課題，我們常被鼓勵採取一些措施減緩影響，像隨手關燈、節約用水、少吃肉類、少用空調或騎車代替開車等等。然而事實是從整

1　比爾·寇斯比（Bill Cosby，一九三七年—），美國知名喜劇演員，以演出情境喜劇《天才老爹》聞名，開拓美國影劇史上正面描述非裔主角先例。二〇一四年，比爾·寇斯比遭控訴長年以藥物迷姦多名女性，出面指控受害者超過六十人。由於多數案件距離事發時間已久，多缺少關鍵證據或已過追溯期，直到二〇一八年才有相關案件成立與判刑。儘管比爾·寇斯比在該起案件中坦承犯罪，但由於缺乏關鍵證據，而在二〇二一年被改判無罪。

體局勢來看，個人為了改善環境做出的決定幾乎微不足道。如果許多人改吃素食可能形成差異，但**個人選擇成為素食者本身**並沒有道德顯著意義。因此我們面臨一個難題，一方面鼓勵人改變行為，因為一群人集體行動會產生道德性影響；一方面又因為個人決定的效力微小，而認為即便繼續維持原樣也無可厚非。

或許我們可以嘗試用以下方法解決這道難題。我們可以主張，儘管表面上看來並非如此，但個人行動確實會產生顯著道德意義。例如哲學家阿夫拉姆・希勒（Avram Hiller）曾指出如果仔細觀察相關數據，開著ＳＵＶ休旅車四處兜風對氣候帶來的影響，在道德意義上相當於毀掉某人美好的下午。[4] 希勒是如何計算出結果並非此處討論重點，重要的是若有辦法證明個人行動確實能產生**某種程度的**道德衝擊，那就能推論個人消費行為依然會造成道德影響。例如說少收藏一片《曼哈頓》的ＤＶＤ光碟，能讓伍迪・艾倫過上一個糟糕的下午，那或許這是個表達抗議的好方法，也是正確的行為。

遺憾的是，就購買專輯和電影票而言，拒買不太可能在數據上發揮上述作用。希勒對氣候變遷的計算，是將個人的微小貢獻與巨大規模的傷害進行權衡。儘管不道德的創作者可能犯下令人驚駭的錯誤，但他們的行為沒有達到同樣大程度。更重要的是當涉及敗德創作者時，希勒採用的方法會讓道德上的正確行動轉換成複雜的數學計算公式，而顯得武斷且令人困惑。它不是直接將道德反應與創作者的惡行連結再一起，而是將應該如何行動的問題，與個人和創作者間錯綜複雜的因果網絡相繫。假設今天我們因為道德因素拒買一名藝術家的作品，我們會希望拒買理由跟那名藝術家的所作所為有關，而非取決於個人是否有足夠能力透過消費改變藝術家。這種計算方式也帶出一層詭異意涵：當創作者愈成功，個人行動對他的重要性就愈小，抵制他們作品的道德性理由就愈不成立。然而你可能會想，我們需要關注與抵制的對象就是那些位高權重、最會利用自身權力名氣占便宜的不道德創作者。僅僅透過消費力量對他們產生實質影響的方法似乎不太可行。

此外，如果我們將道德思考建立在自己的決定可能影響創作者的預設上，當創作者去世時，這套思考方式就會失效。畢竟死者無法受到傷害，這套立基於改變結果的方式無法適用於已逝的創作者。[5]就像現在無論是誰因為銷售麥可·傑克森的音樂獲利，都不會是麥可本人。如果我們想主張在自己的婚禮上播放《顫慄》（Thriller）這首歌有什麼不妥，就得找出別的理由來解釋。

最後，以結果作為主要考量的方法，會讓人聚焦在能否透過消費力或拒絕購買，來支持或抵制某些藝術家。然而，如果我們只是拿出以前收藏的《曼哈頓》DVD放進光碟機播放（假設現在還有人有光碟播放器），那對伍迪．艾倫來說恐怕不會有任何影響。假設我們想主張，在不涉及任何讓創作者獲利的財務交易情況下，仍應拒絕消費不道德創作者的作品，就得找出其他理由解釋為什麼該這麼做。[6]

上述三個問題的根源其實相同，就是個人行為對成功的創作者而言究竟有無影響力。因此如果要解釋為什麼接觸不道德創作者的作品是錯的，那就應該嘗試超越個人行為對創作者的影響，來尋找答案。

有一種不同的方法，是試著解釋：為什麼即使個人行為**不會**產生特定結果，在道德上採取行動仍具有意義。[7] 想像你回到中學，看到一大群人在操場上欺負一個孩子。你沒有阻止他們的充足社交資本（有時你也會被霸凌），同時參與霸凌的人太多了。不管你是否加入，那孩子承受的痛苦都沒有任何差別。如果你加入霸凌者行列，日後甚至能免於被欺負。因此你決定跟其他人一起嘲弄那孩子。我希望你和我一樣都覺得這不是好事。即使你的行為對被霸凌的人而言沒任何影響，那也不會讓參與霸凌成為道德上可接受的行為。但如果你的行動不會造成改變，我們要如何解釋這種行為是錯誤的？[8]

幸運的是，我們手邊有一些道德概念正好可以處理這種情況。其中一種有用的概念是「共謀」（complicity）。成為共謀者，意味著即使自己不是主要作惡的人，也需要對錯誤行為分擔一定道德責任。比方說，有人看到有竊賊要到鄰居家行竊，他明明可以輕易提醒鄰居，但單純覺得太麻煩而選擇無視，那我們就能說這個人對鄰居受到的傷害負有共謀責任。

不過你或許會想，這裡討論的錯誤，應該仍取決於個人有沒有能力阻止竊案發生。哲學家艾德禮安．馬丁（Adrienne Martin）曾指出，有些複雜的共犯案例之所以令人困惑，是因為這些案例結合兩種不同特質，像購買工廠製造的肉品，或者在我們的情境中是消費不道德創作者的作品。一方面，我們可能不是虐童案主謀，根據傳聞麥可．傑克森才是。但參與這種消費行為是在協同創作者犯錯。另一方面，如前文討論，對於任何稱得上成功的創作者與藝術家來說，我們個人的貢獻有如九牛一毛。無論我們是否買單伍迪．艾倫下一部電影，對他來說都無差別。正如馬丁精妙的比喻，這種複雜的案例就像是「捐款給一間已經籌滿資金的共同基金雇用一名殺手」，[9]真正負責行兇的人是殺手，而不是你；同時，如果那項募資活動在你捐款前已經達標，你的行動跟是否會雇用殺手幾乎毫無關係，既然沒有造成實質傷害，那我們就沒有犯錯，對吧？然而你可能會認為，向一個以雇用殺手為名義的募資活動捐款仍存在某種深層道德問題。馬丁提出，理解這些情境存在共謀關係的關鍵，是採取一種**角色**的概念。在購買工廠化畜牧肉品的案例中，消費者「自願以消費群體成員的身份參與，這個群體的功能是用來傳遞需求的訊號。」[10]同樣問題也出現在消費不道德創作者作品的案例。在這裡，我們可以用粉絲群（fandom）概念來理解，當一個人選擇成為伍迪．艾倫的粉絲時，他自願成為消費群體一員，而這個群體會發出許多需求訊號，其中一個訊號，可能就是對伍迪．艾倫電影的需求應該優先於對他個人行為提出道德質疑。當然，我們無法單憑個人傳遞這種訊息，但當粉絲集結成群時就能辦到。問題的關鍵在如果整個群體在做壞事，那麼自我認同為該群體一份子的人也會遭受道德責難，即便我們個人的貢獻無足輕重。就像是僅僅宣稱自己的行為無關緊要，無法讓加入三K黨變得正當化。我們原本就不應該擔任三K

黨成員，即使自身唯一的行動是攜帶黨證，與該組織共謀也是錯誤的行為。

當然，這裡的重點不是說作為伍迪．艾倫的粉絲，在道德意義上等同於作為一名三K黨成員；而是在說明，自我認同為一名不道德創作者的粉絲，也可能需要合理接受共謀的指控。我們指責某人因為擔任某個角色而成為共謀，是因為他們選擇成為造成傷害群體的一員。同時，這點讓我們明白並非所有共謀指控都是相等的。三K黨作為群體帶來的傷害顯而易見；相比之下，指稱伍迪．艾倫的粉絲是會造成傷害的群體，則顯得模糊許多。

當人們指控粉絲在他們喜愛創作者的不當行為中扮演共謀角色時，往往會認為成為粉絲等於要對那名創作者**過去的**不當行為負責。例如作為伍迪．艾倫的粉絲，似乎代表在他被指控性侵女兒的罪行中扮演共犯。但現在我們更清楚理解「透過扮演某個角色成為共謀」的意義，也能更明白看出這種指控不太合理。舉例來說，如果一名藝術家積極利用自身名氣攻擊別人，那或許能合理指出，成為那名藝術家的粉絲確實負有共謀責任，因為他的名聲是由粉絲群體共同造就，在某種程度上粉絲們確實促成他未來的敗德行為。然而，如果一名藝術家是在過去犯錯，那粉絲是否構成共謀關係就沒有那麼明確了。舉例來說，工廠化養殖現在仍在對動物造成痛苦與折磨，因此消費這些農場出產的肉類確實涉及道德上的共謀，因為你是傳達需求促使這些工廠繼續傷害動物的一員。但假設某間工廠決定改變營運方式，拋棄原先做法轉型為植物農場，那此時消費那家工廠新的素食漢堡的消費者是否有錯？是否也算虐待動物的共犯？這個例子的重點在於，道德共謀似乎取決於未來是否會做出壞事。對於一些不道德創作者而言，這確實是一個需要關注的問題。但如果人們拒絕接觸特定創作者的作品是出於他們**過去**的敗德行為，那麼以共犯框架來理解這種消費行為是否正確，似乎就不那麼妥當。

談到共犯，還有一點值得討論。由於我們生活在一個極度不公正且高度依賴各種錯綜複雜關係的世界，我所闡釋的共謀關係可能導向一個令人不安的結論：事實上，我們在很多可怕的事情中都有共謀之嫌。從血汗工廠的勞動環境、金融機構的不公憑剝削到對環境的危害，如果我們的共犯理論只取決於是否自願當某個消費群體成員並以此傳遞需求，那要避免參與世界上所有道德偏差會變得極其困難。或許如此，避免成為共犯不應該被視為一種絕對的道德義務（相較於避免謀殺別人），而是像在一個能自由選擇的領域，人們在有能力範圍內付出合理努力改善現狀，如同捐款給慈善機構。

這就是哲學家所說的不完全義務（imperfect duty）（向康德致敬）。即使我們假定個人有定期捐獻給慈善機構的道德義務，也不會認為他必須捐給**所有**慈善機構，或捐出**所有**可用資產，而且永遠都會有更多值得支持的事業超出他應該（或能夠）捐獻的範圍。因此，一個人在有限的時間與金錢條件下選擇想支持的計畫，這之中就保留自主選擇空間，讓人貢獻給對自己而言最有意義的項目。不僅如此，在選擇過程你會有機會表達自身特質，我們把這個稱為個人的道德人格（moral personality）。[11]例如選擇將時間和資源投注在地方圖書館或專注在自然保育事業，兩者傳達的價值觀就截然不同。或許你同時關心兩者，但最後選擇支持圖書館，那表示你在當下至少有特定的道德優先順序（或許明年你會把重心放在自然保育上）。重點是當個人能力有限，行善機會卻無窮，你能透過選擇來表達道德人格，尤其當個人行動不會對大局造成實質影響。如果說作為消費者群體一員，可能讓人跟某些可譴責的道德行為共謀，那選擇支持追求道德良善事業的群體，則會傳達這些事業的重要性。我們可以把這種行動稱為「團結」（solidarity）。團結是共謀的正面表現，就像共謀一樣，團結的行動不要求個別的改變——當然能帶來個別影響更好，如同共謀的行動帶來負面影響會更糟——但當與某項事業保持團結，我們不僅能傳達對該事業的認可，同時也會展現自身的道德價值。這些概念在抵制行動中並不罕見。當你因為福來雞（Chick-fil-A）宣揚恐同理念而拒絕購買他們的產品時，[2]你就扮演了一種角色，成為反對這種價值觀的群體一員。[12]放棄一份炸雞三明治的個人決定不會帶來任何實際改變，單憑個人行動不會真正影響公司營收；但當我們為了這個目標團結時，就會產生道德意義。團結和共謀運作的機制相同，但行動傳達的意義相反。團結是一種不會帶來實質改變但在道德上良善的好事，而非壞事。

我們無法避開世上所有應受道德譴責的共謀團體，因此選擇要團結聲援哪些目標，就顯得格外重要。有人可能認為避免與不道德創作者共謀很重要，因而謹慎決定該抵制誰的作品，並集結支持受害者。可能也有人覺得避免消費工廠化畜牧產品更重要。重點是，如果我們認知到單憑一己之力無法完全避免共謀，而不會要求每個人都完美避開所有共謀團體，那就能理解抵制敗德創作者是一件值得做的事，即使沒有參與抵制未必是壞事。如同我敬佩那些在任何情況下都小心避免食用工廠畜牧肉品的人，我也不會認為把道德重心放在別的地方就是錯誤的。同樣地，我尊重那些堅持原則抵制不道德創作者的人，但也不會認為每個人都有道德義務這麼做。需要特別澄清的是，這並不表示我們可以用這種方法履行所有道德義務。為了促進改變與對抗不公義，我們仍有很多必須完成的道德責任。重要的是如果特別關注這種**在既定事實上個人無法帶來任何改變**的道德領域時，我們擁有比某些人想像的還要更大的道德彈性。這種彈性當然有限度（例如跟三K黨共謀肯定是錯的），但共謀與團結似乎還未提供一種決定性框架來思考消費倫理，即便能適用於某些情況，共謀與團結仍留給人們很大的道德空間自行決定該怎麼做。

到目前為止，無論是提供不道德創作者直接財務支持，或與他們的不當行為同流合汙，討論重點都聚焦於個人的消費行為如何與敗德創作者的行為產生關聯。然而，一旦創作者惡

2 福來雞（Chick-fil-A）為美國一家大型快餐連鎖店，由於該公司創始人捐款支持反同志組織，並公開發言主張《聖經》禁止同性戀行為，讓該公司被視為具有強烈反同色彩的保守組織，進而形成擁護公司立場的人去消費，反對者則抵制的表態行動。

行變得廣為人知，接觸他們作品就會出現一層新的道德面向值得考量。敗德創作者的作品可能成為某種道德越界行為的**象徵**，而消費這些作品可能產生特定意涵，這跟創作者未來行為無關，也可能與他行為的具體細節與牽涉的受害者沒有直接關係。

為了更清楚解釋這點，我們要先分出私人消費與公共消費。私人消費是指在自己的空間與時間做出的消費行為。如果聽勞凱利的音樂不會讓你感到不安，或你認為在私人空間一口氣看完勞凱利創作的嘻哈歌劇《困在衣櫃裡》（*Trapped in the Closet*）沒什麼問題，那是很自然的想法。儘管接下來我們會發現事情可能沒那麼簡單。相對來說，公共消費則是在眾所矚目的環境下欣賞某名藝術家作品，有時甚至刻意為之。如果你只是在自家客廳跳《顫慄》舞步，那不會影響到其他人；但如果你想和朋友在才藝表演中跳這支舞，那就完全是另一回事。這其中的差異在於，當你將消費麥可．傑克森作品的行為公諸於世時，你的行為可能對他人來說具有**某種意義**。在更極端情況下，你可能選擇表演《顫慄》來表達你對麥可．傑克森的支持，也許因為覺得他是無辜的，或認為他的罪過與對他音樂的享受無關。[13]但即便你對相關控訴一無所知或根本不在乎，決定公開表演他的音樂仍可能向觀眾傳達支持他的訊號。

為什麼會這樣？有時候，我們的行動表達出來的意義並非由意圖決定，而是由**背景脈絡**所塑造，正如第一章討論藝術意圖時的探討。假設今天你辦了一場聚餐，詢問某個陌生人想吃幾片派，對方卻對你比中指，就算他只是想表達一片，你還是會接收到那個手勢傳達的其他訊息，而感覺到侮辱或被冒犯。當然這不是什麼重大過錯，對方可以跟你道歉與說明意圖來補救，或許他只是不知道比中指的意思。然而在美國絕大多數地方，人們多半都認為比中指具有侮辱鄙視之意，即便不抱有特定意圖，這個手勢的社交意義也非常強烈。同樣地，即使一個人不帶有任何目的，在開車時搖下車窗聽〈年齡不是問題〉這首歌，街上聽到的人仍可能產生其他解讀。

這麼說，當然不是**禁止**任何人在公共場合聽勞凱利的音樂，但如果有路人因此不悅，那也不令人意外。我們可能認為做出這種行為的人至少是不敏感的，甚至可能和大家故意作對。假設我們認為在代價不高的情況下，應該盡量避免表現得不敏感或挑釁，那確實有理由重新考慮自己的歌曲選擇。

不過你可能也會反駁，說這個成本對你來說**不低**。你可能認為這首曲子非常出色。有時候，為了追求一個遠超過其他道德考量的善，即使表現不敏感也是合理的。因此，如果你認為某件藝術品在美學上值得投入，但又對於在公眾場合表演或展示它可能傳遞的負面意義有所猶豫，那一種可行的方法是盡可能努力抵銷其負面的表達意涵。換句話說，我們得試著找到一種方式，傳達公開欣賞這個作品，並不代表有意縱容創作者的敗德行為。

在這裡，背景脈絡至關重要。在某些脈絡下，要抵銷負面意涵會比其他情境來得容易。作為一名大學教授，我特別偏好在課堂上思考這些脈絡。有時我會要求學生閱讀與討論一些明顯有道德爭議的哲學家作品，例如前面提到的康德曾公開表達種族歧視觀點，我也會對學生明確指出康德的種族主義。但我認為反思康德的作品有極大價值，因為其中許多內容與他的種族主義觀點無關，甚至可以說不一致。在課堂上，讓人清楚理解閱讀康德作品不代表支持他的種族主義是比較容易的，一部分原因是課堂本身不必然支持任何教學文本的觀點。透過指定一篇文章，我傳達給學生的訊息是一篇作品具有值得挖掘的價值，這與作品中可能存在令人反感的內容並不矛盾。

不過，當你在公共環境消費藝術時，就很難採取類似方法處理有道德瑕疵的創作者作品。如同我們在第三章將討論，如果一個人具有某種權威性身份（例如一名博物館館長），那他有很多方法將不道德創作者的作品脈絡化。但就個人而言，要在公開消費這些創作者的作品同時，表達對他行為的不認同就比較困難，尤其當那名創作者的道德爭議成為熱門話題時。你不可能一邊開車放著勞凱利的歌，一邊對路過的每個人大喊：「我不認同勞凱利的行為！只是這首歌太讚了！」

這件事的癥結點在於當創作者的敗德事蹟廣為人知時，我們不得不以某種方式面對他們的行為。哲學家克里斯汀．柯思嘉德（Christine Korsgaard）曾寫下一段話，正好能詮釋這點。她寫道：「如果我呼喚你的名字，讓你停下腳步。（如果你愛我，你會奔向我。）現在你無法如往常般前行。噢，你還是可以繼續前行，但已無法如往常一般。因為如今你若繼續向前走，那便是在忽視我、冷落我。」[14]

當知名創作者的惡行公諸於世時，我們的處境也如同上述那段話。我們還是能繼續接觸創作者的作品，但無法**再如過往般前行**。局勢已經改變。最令人擔憂的是如果假裝一切都沒發生，那我們似乎**忽視了**受害者，彷彿表示即便喜歡的創作者是一名慣性加害人也無關緊要，我們對作品的熱愛大於一切。如同被呼喚名字一樣，我們受到道德價值呼喚，要如何回應顯得至關重要。

這種呼喚要求我們做什麼？我認為它不一定要求人放棄敗德創作者的作品，或是把私人生活攤在陽光下，雖然這可能跟世代差異有關。近期我在開設的藝術哲學課上，教了一篇由哲學家阮氏（Thi Nguyen）撰寫的論文。這篇文章探討美感見證（aesthetic testimony）的議題，意指一個人對作品的認知，源自別人告訴自己的內容。其中有一段落，作者試圖讓讀者理解如果只因為專家表示某幅畫很優異，就將它掛在牆上，那其實是非常奇怪的事，尤其當我們不認同那幅畫的價值判斷。如果我們不喜歡一件作品，也無法想像自己以後會欣賞它，那依循專家建議把它掛在房間不是一件荒謬的事嗎？然而，一名策展人可能會理所當然這麼做，因為他們希望提供大眾接觸被專家認可為有價值藝術品的機會，但臥室裡的藝術是為我們自身存在，管他專家怎麼說！

當我發現有些學生不太能接受這個概念時，我大吃一驚。他們似乎不太能想像一個純粹為自己而做的美學決定。這些學生大多住在大學宿舍，我能理解他們為什麼會認為臥室實際上不是真正的私人空間。宿舍通常會有室友、人們會進進出出，有人還會在ＩＧ上分享房間的照片。於是我問，那如果是用耳機聽音樂呢？如果只因為某個專家說很好聽，你就一直聽自己討厭也完全無法欣賞的音樂，那肯定是件怪事。然而，我卻發現對我的學生來說連音樂品味都不是私密的。他們的 Spotify 活動頁面是公開分享的，朋友之間甚至會彼此取笑播放清單上的曲目。或許在社群媒體的影響下，私人與公開領域的界限正在崩解，因此，Ｚ世代讀者在這方面的直覺反應可能會與千禧世代、Ｘ世代以及嬰兒潮世代相當不同。但我認為，如果將所有私人藝術消費的選擇都轉變成公開表態，那會顯得刻意且不自然。哲學家麥特．斯特羅爾（Matt Strohl）與瑪莉．貝絲．威拉德（Mary Beth Willard）就曾譏諷這種概念，想像一個人將原先私密的藝術喜好大肆宣傳，以顯示自己有多覺醒，他可能會說：「嘿！我只是想讓大家知道，我在博物館碰到高更作品時，我故意閉眼不看，因為他真是糟透了！」「你猜誰剛把羅曼．波蘭斯基的《唐人街》藍光片丟了？那就是我！」[15]

斯特羅爾和威拉德認為這可能會把人推向一種追求道德純潔或聖人般的審美選擇；然而，這種行為也可能令人疲憊甚至誤入歧途，與追求充實生活的其他方面互相牴觸。阿齊茲・安薩里（Aziz Ansari）在Netflix喜劇特輯《此時此刻》（*Right Now*）中，就大開這種表演式的覺醒文化玩笑（不過說句公道話，安薩里也曾被指控有不當性行為）。他說道：「現在有時候，即使有些事確實蘊含種族歧視，但我會想，『我們不能聊點別的嗎？我不認為我們在這次早午餐就能解決這個問題。』」[16]換句話說，反對種族歧視很重要，但不代表你必須一**直談論**自己有多反對種族歧視，尤其當你只停留在空談層面時。

這裡探討的問題，正是哲學家賈斯汀・托西（Justin Tosi）與布蘭登・華姆克（Brandon Warmke）在其著作中提出的「道德炫耀」（moral grandstanding）。根據他們的定義，道德炫耀是一種試圖在公共道德論述中發言，藉以展示自身高尚道德的行為。[17]對此他們提出道德反對意見，主要針對炫耀者會有的自我陶醉情結，認為道德炫耀「將對道德論述的貢獻變成一種賺取虛榮的計畫」。[18]先前我們討論過，如果對不道德創作者的行為視而不見，某種程度上可能是在忽視受害者。然而，如果道德炫耀的最終目的是宣揚自身純潔的道德，那其實也是在忽視受害者。這種行為可能將受害者的遭遇當作展現道德立場的機會，其核心並非真正關注被傷害的人。這種現象在近期阮氏和貝卡・威廉斯（Bekka Williams）討論的「道德憤怒色情」(moral outrage porn)中也被提及。[19]兩名哲學家指出，在一些場合(尤其是在社交媒體上)，有人會用表達道德憤怒的方式滿足個人快感，而非出於真正的道德目標。這是一種把對議題的擔憂轉化成表演工具的方法，目的不是採取正確立場的行動，而是讓自我感覺良好。

那麼，什麼樣的行為才算是真正與受害者團結一致，而非炫耀自身的道德純潔？換句話說，怎麼樣才是一名**符合道德倫理的藝術消費者**？要回答這個問題，其中一種方法是思考炫耀道德在藝術領域可能帶來的代價。我想提出的觀點是，如果對一名敗德創作者進行道德炫耀，那不僅會讓受害者淪為工具，連藝術本身都會變成一種**單純**用來展示道德觀的工具。如果說藝術有什麼獨特之處，那就是在這個領域中，美學問題不能被簡單忽視。誠然，如同我們在第一章探討，倫理和美學之間可能存在緊密聯繫，在某些情況下，對於藝術家或作品的道德考量也可能影響創作的美學評價。然而，這並不代表我們應該對所有消費的藝術都進行道德試驗，或將藝術價值完全簡化為其道德意涵。

有些人可能認為藝術只具有工具性意義，它的重要性在於使我們成為道德良善的人，或傳達難以言喻的道德真理。然而，請試想藝術與更廣泛的審美範疇如何形塑生活。我們聆聽音樂、看電影、在牆上掛畫、選擇穿著或髮型風格，這些都是跟藝術和美學有關的決定，許多似乎與提升道德或選擇道德、政治立場無關。當然，這裡不是說藝術和美學選擇不能具有重要道德意義，它們確實可能具有。只是我們不該想成其中**必然**要有，如果沒傳達倫理意涵就一文不值。從典型的審美行為來說，將藝術與美學歸屬於道德生活並不符合常態，我們應該謹慎思考這種觀點，以免認為若不依循此規範，就等同於做出不道德的行為。

有些流行藝術的評論中容易出現一種錯誤範例，會過度注重道德而排除美學動機。在這些案例中，每當一部具有道德爭議的電影或書籍問世，評論家會急忙跳出來譴責作品中的倫理問題，卻不願討論其中的美學特徵。這種言論在社群網站尤其常見，但也會出現在更具權威的媒體。舉例來說，電影《小丑》曾被指控美化虛無主義的暴力而引發爭議，但許多參與討論的人甚至沒看過這部電影。[20] 諸如《哈莉特：廢奴之戰》、《李察朱威爾事件》與《靈魂急轉彎》等電影也曾因為類似道德爭議遭受批評。這類評論傳達的訊息往往簡單明瞭：不要看這部片！然而，假設有人自稱為影評，卻只會警告眾人一部藝術作品有哪些不道德內容，那他充其量只是一名評分代表，更甚者只是一名審查員。真正的評論應該以理解為目的，評論家確實能以一部作品是否值得花時間觀看作為結論，但最終原因應該建立在作品的美學價值。誠然，道德特質可能影響美學特質，但認真看待這兩者關係，與讓道德衡量完全凌駕於美學衡量之上是兩回事。藝術評論家只以道德觀點告訴人們哪些作品不好，相當於美食評論家只告訴人們哪些食物不健康。我當然知道吃派不健康！但我想知道某家餐廳做的派是否**值得**一試。

需要澄清的是，這裡並非在討論「遭受創作者傷害的人承受的痛苦，是否能被創作者貢獻的藝術價值抵銷」。應該不會有人因為比爾．寇斯比的影集與脫口秀表演很精采，就忽視他連續性侵的歷史，這種想法是相當可怕的（你能想像跟他的受害者這麼說嗎？）我想討論的問題是當傷害已經造成，我們接觸這些作品面臨的道德代價是什麼。我們可以藉由奧斯卡．王爾德的範例來說明箇中差異。在王爾德的小說《格雷的畫像》中，青春永駐的主角犯下的惡行會反映在他的畫像上。假設這個故事是真實的，格雷的原始畫像並無特別之處，但因為他的不道德行為漸漸變得恐怖，最終竟然鑄成一件傑出的藝術作品，那我們可以說如果格雷沒有犯下惡行致使那幅畫誕生就好了，即便那意味著畫作的美學價值會因此消失。然而，這與我們該如何看待那幅已存在的畫作是兩個獨立的問題。倘若我們理解這幅畫的藝術源於各種惡行（例如勒索、謀殺等），那欣賞這幅畫是否是一件不道德的事情？

有人可能會提出抗議，認為如果與畫作互動，勢必會傳達認可那些惡行的訊號。但這種想法從何而來？人類是複雜的生命體，我們確實能一邊譴責格雷的敗德行徑，一邊仍讚嘆這幅作品，儘管作品本身讓我們深深不安。這是因為藝術提供一個允許人們感到不確定的空間，其中的模糊性——包含道德上的模糊性——甚至可能成為一種美德。這種觀點並不新奇，就連美國大學先修英語文學考試都曾出現類似作文題目，要求考生撰寫一篇以文學作品中道德模糊角色為主題的文章。[3]通常大學理事會（College Board）不會接受立場偏頗的題目。然而，當我們將創作者的道德瑕疵納入討論，事情就變得複雜起來。在現實生活中，我們不再擁有虛構世界賦予的安全感，讓人探討模糊的道德界線。當討論到創作者實際行為時，牽涉的是真實的生命與真正的受害者。我不想過度強調藝術世界與現實世界的分離，無論好壞，藝術確實能對現實世界產生影響。但我們對藝術作品採取的態度，一部分取決於藝術本身功能的規範，現實並不像藝術世界般提供受保護的詮釋空間。

儘管我同意藝術作品中的道德瑕疵可能與美學有關，但我對這些瑕疵抱有的擔憂較少。喜歡漢尼拔・萊克特這種病態天才是很奇怪的事嗎？如果是，那我還真不想成為所謂的「正常人」。在小說和電影中，虛構故事提供我們一個相對安全的空間探討人性的黑暗面。[21]因此即便《沉默的羔羊》的倫理意涵極其複雜，我仍會毫不猶豫表達對這部電影的熱愛——事實上，這正是我認為它迷人的地方之一。我曾多次在課堂上放映《沉默的羔羊》作為討論藝術倫理批判的工具，每回學生都對電影如何處理怪物、女性主義與跨性別恐懼等主題提出精彩的見解，彼此也經常抱持不同意見。萊拉・蒙泰羅（Lyra D. Monteiro）在一篇優美的文章中曾精準捕捉這種現象。她描述剛上大學時閱讀一本書，那是她第一次讀到如何以批判性視

3　大學先修課程（Advanced Placement，縮寫為ＡＰ，又稱為進階先修課程），美國與加拿大等國的高中先修性大學課程，由美國大學理事會贊助與授權。ＡＰ課程相當於美國大學課程水準，比一般的高中課程更深入、複雜與詳細。學生通過ＡＰ考試換取的學分，能用來換取相應的美國大學學分。

角解讀《阿拉伯的勞倫斯》，那是蒙泰羅小時候最喜歡的電影。她寫道：「這部深度剖析的著作絲毫沒有動搖我對電影的喜愛，反而讓我更衷情於這個作品。我完全能想像一部由一九六〇年代英國白人拍攝的影片會蘊含的種族、性別與性向問題。但正是因為這些缺陷，讓我更加毫不保留喜愛這部片。」[22]

蒙泰羅的評論與先前提到的道德說教式「評論家」正好形成對比。那些希望我們停止觀看或閱讀隱含複雜道德議題作品的人，似乎一開始就不真正喜愛藝術。在藝術領域中，複雜的道德議題有令人難以抗拒的魅力，它們具有挑戰性、令人不安，吸引人一再回顧並從中獲得不同觀點。這不是說凡是有道德挑戰的藝術我們都得照單全收。我認識一些值得欽佩與尊敬的人，他們的電影口味比我能接受得更加「獵奇」，那也沒關係。我沒辦法看像是《大創人心》（*Funny Games*）這種類型的酷刑春宮（torture porn）電影，老實說，我會怕。但我不認為欣賞這類電影的人都有心理變態人格。[23]當然，**這不無可能**。有時難免會有消費者以非批判性角度欣賞藝術，僅僅將藝術作為放大自身扭曲想法的工具。這些人就是艾米麗・努斯鮑姆所說的「壞粉絲」（bad fans）。[24]可是在這些案例中，有問題的顯然是人，而非作品。確實很多藝術作品本身就很糟，如果糟糕的作品隱含道德淪喪的內容就更可怕了。關鍵在於一部作品具有的道德爭議內容，可能讓作品本身引人入勝並值得欣賞，但並非每個作品都如此。

這段討論的重點在於，具有道德爭議的內容在作品中扮演什麼角色才是關鍵，這在探討如何欣賞不道德創作者的作品時也能作為指引。如同前一章討論，有時創作者的言行會影響我們對其作品的解讀，有時兩者則互不相干。以《哈利波特》系列作者J．K．羅琳為例，近年來，她在推特上對性與性別議題發表一些錯誤與偏見言論，其中充滿對跨性別與非二元性別者的歧視，引發粉絲憤怒。羅琳對性別的態度，會如何影響我們對她創造的虛構世界的接觸？對於從小讀《哈利波特》長大，深愛霍格華茲世界的人來說，這是個很迫切的問題。我會在本書最後一章再回來探討人們審美愛好的問題。在這裡，我想先用這個案例反思另一項不太相同的課題。儘管讀過每一本《哈利波特》小說、看過每一部電影，但我其實並不愛《哈利波特》這系列作品。說起魔法學校，我完全是勒瑰恩《地海傳說》派。但我同時是個家長。最近我和孩子一起讀了第一本《哈利波特》小說，然後一起看了電影，結果大受好評！後來，我送了一件印有貓頭鷹嘿美叼著霍格華滋入學信圖案的衣服給小孩當生日禮物。

然而，當我看到羅琳的推文時，我對一切感到不自在。多半時候我們的藝術消費選擇是為自己而做，但身邊有孩子的人也在為小孩做出這些決定，要考慮他們會接觸到什麼、喜歡上什麼，成為怎麼樣的人。我是否應該為了羅琳的推文限制孩子接觸《哈利波特》呢？針對羅琳的推文，在電影版中扮演哈利波特的演員丹尼爾．雷德克里夫曾發表一份聲明。[25]其中最重要的一段話如下：

> 我誠摯希望你們不會完全失去這些故事帶給你們的珍貴感受。如果這些書教會你，愛是宇宙最強大的力量，能戰勝一切；如果它教會你力量源於多元性，而對純粹的教條式追求，只會導致對弱勢的壓迫；如果你認為在作品中的某個角色是跨性別、非二元、性別流動者、同志或雙性戀；如果你在故事中找到與自身共鳴之處，並因此在生命中某個時刻獲得幫助與鼓舞，這就是你與書之間的神聖連結。我認為那是誰也不能動搖的。它對你的意義就是如此，而我希望〔羅琳的〕的言論不會讓這一切蒙塵。

丹尼爾這份聲明，讓人聯想到第一章探討到意圖謬誤與作者已死的觀點。在詮釋作品時，我們應該多大程度參考作者的生平與創作意圖，這點在藝術評論圈仍爭論不休。然而，雷德克里夫的評論帶出一個稍微不同的問題。他談論的重點並非作品固有的意義，而是作品對讀者的意義。無論我們是否認為一部藝術作品具有特定意涵、透過哪種方法詮釋更準確，這些問題與作品對個人的意義都能區分開來。作品對人的意義是由它在我們生活中扮演的角色所塑造，是由**我們**來賦予。可是當作者新揭露的資訊與作品對個人的意義產生衝突時，我們可能經歷一種令人不安的情感體驗。我在第四章將進一部探討這個話題，但此刻想強調的觀點是，我們對作品的意義以及表達象徵提出的正當問題，並不總能觸及該作品對**我們個人**的意義。那是一個受保護的領域，或許也是我們能為孩子積極守護的領域。或許將來某天，我會想和自己的孩子談談羅琳對跨性別與非二元性別者的看法，但絕不會在孩子想像自己是妙麗的時候。

上述觀點不僅適用於人們已產生情感聯繫的作品，也適用於還沒接觸到的作品。例如，我不認為應該因為羅德·達爾公開表達反猶立場就不讓孩子讀他的書，或自己不讀他的成人短篇小說。當然，他的一些書確實包含有問題的描寫（對，我就是指《巧克力冒險工廠》），但要學會批判性閱讀正需要接觸複雜的文學作品。試想，如果我決定不讀《狐狸爸爸萬歲》（*Fantastic Mr. Fox*，又名為《超級狐狸先生》）給孩子聽，被問為什麼這麼做時，我該如何回答？我會說因為不想在經濟上支持羅德．達爾嗎？但他已經過世了，而且我本來就擁有這本書。還是該說因為我不想成為反猶主義的共謀？但認為唸《狐狸爸爸萬歲》給孩子聽就會讓人成為反猶主義的共謀，簡直是在嘲弄共謀本身的意義。羅德．達爾的粉絲不是一群反猶主義者或造成其他傷害的人，如果我們希望共謀的概念能在道德上發揮重要作用，就不能將它解釋得太空洞，讓這種情況也被包含在內。

有時候，當我們無法提出有力的理由支持某項決定時，代表我們已經觸碰到道德的根基。在這種情況下，我們可以將這個選擇視為一種既定事實，從其中蘊含的真實性開始推廣，思考這種原則會帶來哪些廣泛影響。借用一篇曾引發熱烈討論的文章標題來傳遞這個訊息，就是：「我不知道該如何向你解釋為什麼你該關心其他人」。[26]確實，我可以展開一場哲學思辨，試圖從更根本的道德承諾中推導出這個真理，但我認為這已經是最基本的道德觀念了。

一個人們彼此關心的世界，似乎是一個美好的世界。這樣的承諾與其他相似的基本道德原則相輔相成。

相反地，如果這是一個只要一名創作者的信念有違道德，我們就得自動放棄與他作品進行任何接觸的世界，那會是什麼樣子呢？我可不想活在這樣的世界。或者一個因為羅德・達爾在晚年訪談中說過一些令人厭惡的話，就否定《狐狸爸爸萬歲》這部作品的世界？不了，謝謝。我更喜歡的世界，是我們能坦承羅德・達爾的觀點令人厭惡，我們不美化事實、不將他捧上神壇，同時也認知到一個具有嚴重道德瑕疵的人依然可以是傑出的創作者。如果這個世界將抵制敗德創作者視為道德根基，那會與前文提到人們應該互相關心的基本原則不同，我們會付出很高的代價。我們會失去大量藝術作品，這不是因為創作者都是怪物，而是因為人本身就具有道德的複雜性。正如作家泰勒・馬龍（Tyler Malone）所說：「沒有一名藝術家能在道德、社會與政治上全然完美。一部分原因是我們每個人本身就是醜陋而混亂的存在，但也因為道德、社會與政治的不完美，根據當下個體、地點、時代、文化背景而產生不同判斷。」[27]不過，我不太認同馬龍這段話後半部隱含的道德相對主義，舉例來說，即便過往社會廣為接受，我仍認為大西洋奴隸貿易在過去時空是泯滅道德的事，而非放到現代標準才違背道德。然而馬龍這段話有其重要性。他點出即使我們假定道德標準是客觀的，來自不同時代、地點與文化的人依然不可避免對道德問題產生錯誤理解，他們對道德的認知——而非事情真相的認知——將影響他們決定應該因為哪些信仰或行為，抵制哪些創作者。這讓我們不僅會失去大量藝術作品，而且會毫無正當理由地失去。

我的意思並不是說，有良知的「道德藝術消費者」這個概念毫無意義。有些評論家對這種概念嗤之以鼻，他們認為在談論藝術時探討道德問題本身就是一種錯誤。[28]二〇一九年，奧地利作家彼得．漢德克獲得諾貝爾文學獎，過去他曾為前南斯拉夫總統斯洛波丹．米洛塞維奇（Slobodan Milosevic）的種族滅絕獨裁政權辯護，而引發爭議。對此，《紐約時報》的專欄作家布雷特．史蒂芬斯（Bret Stephens）寫道：「他的藝術應該**只**根據其藝術價值來評斷或譴責。」[29]這些評論家跟第一章中討論的形式主義者相似，主張藝術與道德是截然不同的領域。

反對道德藝術消費者的觀點往往建立在一項假設上：成為藝術界的良知消費者主要取決於選擇消費或不消費哪些作品，換言之，人們只要挑選在倫理上無瑕疵的藝術，或由無道德瑕疵的藝術家創作的作品，把它們放入購物車，就能心安理得繼續生活。但我認為這種看法是錯誤的。事實上，我所認知的良知消費者，反而常**呼籲**人們接觸具有道德爭議或由道德瑕疵之人創作的藝術。如果我們同意作為一名道德藝術消費者，並不意味著將作品的美學價值放在道德關懷之上，那表示我們實際上有充分美學理由欣賞那些隱含道德缺陷的作品，因為其中涉及重要的審美問題。當然，這裡的意思不是說每個人都該優先選擇接觸那些作品，前提是你本身對那些創作就有興趣。作為一名道德藝術消費者，看重的不是消費**什麼**藝術，而是**如何參與**藝術。

為什麼你不能只靠著別人的判斷，來理解創作者的敗德行為如何影響作品美學品質？先前我提過，美感見證本身是令人困惑的事。我們許多知識可能都從別人口中聽來，例如當我告訴你翠登（Trenton）是紐澤西州的州府時，你就知道了這件事（前提是我具有可信度，身為從小在紐澤西州長大的人，我敢大聲說我很可靠）。但如果我跟你說《韌心》（*Elastic Heart*）是一首超棒的歌時，你不會以同樣方法理解這件事。你知道**我認為**這首歌很棒，但要得出這首歌很棒的結論，還是得先親自聽過才會知道。哲學家把這種現象稱為「**親知原則**」

（acquaintance principle），意指對藝術作品美學特徵的認識，必須透過親身體驗作品才能知曉。

如果親知原則成立，那它同樣適用於我們對藝術的倫理消費思考。我可能會讀到一篇影評，得知應該如何看待伍迪・艾倫亂倫行為與《曼哈頓》情節間的關係。但在親自看過這部電影前，我無法確知伍迪・艾倫的道德品行。是否真的如影評描述般影響到電影美學。

儘管創作者的道德瑕疵可能改變作品的美學意義，但無論從任何案例來看，都很難直接斷定這點是否成立。觀眾可能會有不同看法，尤其判斷一件作品是否逾矩需仰賴一定識別力。因此，親身體驗成為衡量爭議作品是否符合這些條件的重要因素。一部電影的品質是否因為創作者人品而減損？你得自己看過才知道。或許觀影完你會有一樣的結論，認為電影美學大受影響。你可能會寫一篇影評闡釋論點，可能會跟朋友談論作品，也可能從此拒看這部電影。無論如何，最初觀看這部電影並不違背作為一名道德藝術消費者的原則，這反而是身為良知消費者重要的一部分。我們得**將藝術視為藝術**嚴肅看待，而不僅僅把它當作道德或政治鬥爭的道具，無論這些鬥爭可能有多麼重要。[30]

總結來說，我不認為良知消費（ethical consumerism）是一種不適當或沒有意義的概念，但我也反對將良知消費等同於必須拒絕某些藝術作品。這裡要澄清的是，我並非主張每個人都得接觸有爭議的作品，消費者可能有各種正當理由選擇不去接觸。例如，你可能想向被創作者掠奪行為傷害的人表達支持，而拒絕接觸某個藝術家的作品。假設你有一個朋友曾經是兒童虐待的受害者，你也知道他對麥可·傑克森被指控的事件深感不安，為了支持朋友，你可能決定不再聽麥可·傑克森的音樂，或至少在朋友擔任你的伴郎出席婚禮時，不會播放麥可·傑克森的歌。但請注意，你做出這個選擇主要不是因為麥可·傑克森。這個課題與其說跟良知消費有關，不如說是跟如何當一位好朋友有關。即使你有充分理由拒絕消費敗德創作者的作品，不代表其他人接觸作品是錯的。我們不應該輕易假設持續接觸敗德創作者作品的人，必然是不道德或不認真的消費者。

目前為止，我們理解在面對不道德創作者的作品時，個人消費行為的倫理考量相當複雜。雖然在某些情況下指控他人共謀是合理的，但這類指控的適用範圍很有限。我們與敗德創作者間存在廣泛的倫理關係，並可能衍生許多與購買和接觸他們作品有關的重要道德考量。但這些選擇理由都相當細緻且視情境而定，不足以支持全面禁止個人購買、享受或接觸特定藝術家創作的行動。正如我們最初討論共謀與團結時提到，面對敗德創作者的作品，我們的抉擇提供一個機會來表達自身的道德人格。我們能藉此表明對某些議題的投入，以及願意為了捍衛自身珍視的價值進行哪些個人犧牲，即便這些犧牲可能微不足道。不過，正因為擁有選擇的道德特權（moral prerogative），在同樣脈絡下，我們也能決定是否有其他價值優先於拒絕特定藝術家作品的理由。這些價值中就包含了審美價值。如前文所述，當我們認真看待藝術時，可能需要接觸具有道德爭議的作品，才能依此做出獨立判斷，包含思索創作者的道德缺失對其作品美學價值帶來的影響。

這是否意味著我們有責任去調查那些計畫接觸的創作者生活背景呢？「責任」是一個很強的詞彙，暗示著如果未能滿足要求就是錯誤的。有些人可能認為我們有道德責任去探究藝術家的生活，以免成為他們的共謀。但我得再次強調，避免共謀通常是一種道德選擇，而非道德義務。那麼，我們是否有**美學上**的責任去了解藝術家的道德生活呢？畢竟，我已論證過在某種程度上，藝術家的道德生活可能影響其作品的美學品質，我們對兩者關係的評估可說是一種正當的美學關注。然而，反思創作者道德生活對其作品的影響（特別是在你已經知道他們有不當行為時），並不意味著我們有責任——即使是美學上的責任——去挖掘每一位創作者**藏在衣櫃裡的骨骸**。你能透過許多跟創作者相關的資訊判斷他作品的藝術成就，包含他們的風格、影響源頭、創作意圖、身處時代與地點等非道德因素。如果這些知識引發人們興趣，我們也能出於美學考量去追尋相關事實。不過，就像在逛美術館時，你不需要閱讀每一段牆上的文字來感受藝術；作為一名藝術消費者，你也沒有義務去熟讀每一位藝術家的生平。當我們完全忽視創作者廣為人知的敗德事蹟時確實會鑄下錯誤，但不代表我們每個人都要成為藝文領域的警察或偵探。

然而，有一些對待敗德創作者作品的方式，似乎與上述的道德消費態度背道而馳。有時，人們會呼籲將不道德藝術家的作品「取消」，將他徹底從公眾議事中抹除。對於這樣的訴求，我們又該如何看待？接下來我們將討論這個議題。

第三章　改革藝術界

不道德創作者應該被「取消」嗎？

二〇一八年，喜劇演員羅珊・巴爾（Roseanne Barr）在推特上發布一則帶有種族歧視的推文，嘲諷前總統歐巴馬的幕僚薇樂莉・賈芮特（Valerie Jarrett），當時以她為名的喜劇影集《我愛羅珊》（*Roseanne*）才剛重返螢幕。那篇推文只不過是羅珊眾多種族歧視與冒犯言行中的最新一例，但美國廣播公司隨即取消她的節目。[1]

近期，樺榭出版集團（Hachette Book Group）原先計畫出版伍迪・艾倫的回憶錄《憑空而來》，但因為出版集團內部有大批員工發起罷工抗議，出版計畫被終止。員工表示這麼做是為了聲援戴蘭・法羅與其他性侵受害者。[2]最終，樺榭集團決定放棄出版這本回憶錄（雖然另一家出版社很快就接手了）。

上述案例，反映從上一章到本章討論重點的轉換。在第二章中，我們探討個人責任的問題：我們是否有拒絕購買或消費敗德創作者作品的道德理由？現在我們則要處理以此出發更廣泛的議題。當面對許多重要道德性事務，個人無法也不該總是單獨承擔道德行動重擔，有時需要以集體或制度性方法作出回應。以減緩氣候變遷議題為例，你可能會認為個人努力減少碳足跡固然重要，但這無法取代透過制度性行動，促使人們從碳經濟轉型到其他模式。如果我們應對氣候變遷的方法僅止於改善居家堆肥習慣，那就像在鐵達尼號沉船時重新排列甲板上的椅子。面對不道德創作者的議題，我們也需要在個人行動與制度間做取捨。到底應該由個體決定是否接觸敗德創作者的作品，還是在某些情況下應該停止播放、展示、表演具有道德瑕疵之人的創作？換言之，應該由電視機前的觀眾決定羅珊・巴爾的言論是否影響人們觀看她節目的意願，或者美國廣播公司取消節目的決策是正確的？

通常，當我們說某件事被「取消」時，指的是一場表演、活動、展覽或節目被取消。例如「明晚在小巨蛋的演唱會被取消了」，或者「福斯頻道才拍了一季《寧靜號》（*Firefly*）就很愚蠢地取消這部影集」（不過主導該齣劇的喬斯・惠登〔Joss Whedon〕也有引發道德爭議）。美國廣播公司取消《我愛羅珊》這個節目的例子，確實履行了取消的字面上意義；但對一些觀眾來說，這個舉動不只是取消節目，也等於「取消」羅珊・巴爾其人。這是一種公開的譴責，讓她無法繼續拍攝新的節目，至少無法在美國廣播公司推出新作。但人不是一種事件，「取消」一個人的意思是什麼？當我們說一個人「被取消」時，大致上是指應該迴避、排擠或避免與此人互動，然而從隱喻角度來看，被取消的具體定義仍很模糊。舉例來說，VOX新聞網刊登一篇文章分析取消文化的歷史，該文指出，取消文化的用法最早源自電影《萬惡城市》（*New Jack City*）中衛斯里・史奈普（Wesley Snipes）的臺詞，隨後，這個詞彙在不同文化符號中傳播，最終在「黑人推特」（Black Twitter）流傳，[1] 並擴展到更廣泛大眾。[3] 最初在藝術領域，一名創作者被取消就如同字面上意義，意指取消他們的演出、音樂會、展覽等公

1 黑人推特（Black Twitter）指非裔美國人透過社群平臺集結而成的社群，他們藉由社群平臺的橫向串聯功能，建立獨立的倡議空間，共同推動取消活動等社會運動。

開活動，但如今也延伸到對個人消費行為的影響。當一名創作者「被取消」，他會被視為不該被聆聽、觀看或閱讀的對象，彷彿社會大眾以「道德」名義組成一個媒體集團，將敗德創作者的內容全數下架。有些評論者認為，我們正處在一個隨時準備以這種方式法取消藝術家的文化氛圍中，這種環境與背景便被貼切地稱為「取消文化」。

無論從字面意義或象徵意義來看，我們是否該取消不道德創作者？這或許是大家最想問的問題，但請原諒我此刻提出一個哲學思辨：這個問題其實問錯了。我們首先要問的其實是：在回應創作者的敗德行為時，我們的目標跟價值是什麼？如此，我們才知道在特定情境下「取消」涉及的行動、後果、態度與關係是否達成這些目標。換句話說，因應不同情境脈絡，得出答案也會大為不同。這不代表我們無法以有原則的方式思考個案，但確實意味著在任何情況下，回答這個問題都牽涉到複雜過程。

想像我們走在街上，有一位熟人匆匆來到你面前，氣喘吁吁說：「我聽說我朋友做了一件很可怕的事，我應該和他絕交，對吧？」我們應該不會馬上回答：「當然！」或「絕對不行！」相反地，我們可能會想先問很多問題再下判斷。那位朋友做了什麼？你是怎麼知道的？你有當面和他談過嗎？你和他絕交希望達成什麼目的？是否有需要事先考慮的代價？如果最終發現朋友是為了繼承一大筆遺產而慢慢毒害他的祖母，那我們可能真的會和他絕交；但如果他只是無意間說出一句性別歧視的話，那可能會用截然不同的方式處理。評論家常把取消文化看成非黑即白的問題，不是批評就是支持，不是肯定存在就是完全否認。但取消文化的概念其實相當模糊，它就像一種標籤，把回應不道德創作者的各種理由與方法混為一談。試圖全面支持或拒絕取消文化，就像嘗試決定是否該一律報廢無法發動的汽車一樣，在下結論前我們需要先打開引擎蓋，找出問題源頭。

我認為嘗試定義唯一正確的「取消文化」是不可能的，也並不有趣。正如我下文要討論的，這個詞彙常被誤用，但它在輿論中無所不在，而且無法被忽視。對此，我將指出一些取消文化在藝術領域中特定的運作特徵，但不會假設每個讀者都全盤接受這種定義。

就我所知，藝術界的取消文化特徵在於人們會根據創作者的不道德言行，自發呼籲抵制與排除創作者。[4] 取消文化的核心關懷是將創作者標記為「受詛咒者」(anathema)。在宗教語境中，一個人如果被標示為「受詛咒者」，意味著他被正式逐出教會。然而在《舊約聖經》中，anathema 一詞的早期意義是指被摧毀的祭品。上述詞彙用法都源自希臘文中的 *anatithemi*，意指「作為祭品奉獻」，而每一種詞源意義都反映取消文化對其支持者或反對者而言很重要的面向。取消文化的目標不只是如字面意思般取消藝術家活動，而是從我們集體意識中象徵性抹除創作者，這與目標放在公開羞辱的「指控文化」（call-out culture）不同。儘管取消文化常以指控（call-out）作為運作工具，但在藝術領域中，取消文化的最終目標是封殺、抹去，而非譴責。在藝術領域之外，許多對取消文化的討論更聚焦在如何回應爭議性言論才合適，重點會放在公開羞辱的倫理問題。這項議題確實重要，但與取消文化是兩回事。

對我來說，我會將取消文化描述為一種將創作者視為受詛咒者的**傾向**，因為這種傾向即使沒有付諸行動，也會對人們行為產生影響。這正是為什麼我們應該討論取消文化，而非僅僅集中在單一的取消行動。對某種行動具有傾象意味著具備蓄勢待發的特性，在形上學中，哲學家用酒杯的脆弱性來解釋這種傾向。舉例來說，如果我們拿酒杯敲桌面，酒杯會碎掉，這就是脆弱的含義。但值得留意的是，即使從沒敲碎酒杯，它的脆弱性依然影響我們使用的方式，讓我們小心謹慎使用杯子。行為的傾向與此類似，如果你知道某人有易怒傾向，即便對方當下並非處於憤怒狀態，你在他身邊也會小心翼翼。

這點正是一些評論者擔憂取消文化的原因。有人擔心即便當下沒有人因為自身言行受到排斥，取消文化的社會傾向仍會影響眾人行為。如果對取消文化的反應過於敏感，隨口一句玩笑都可能毀掉一個人一生，這將會抑制公共領域的意見表達。當然，我們很難具體評估取消文化對言論自由的抑制程度有多大，但顯然許多知名思想家都認為這是個真實的問題。二〇二〇年七月七日，《哈潑雜誌》在官方網站上發表一封表達這項擔憂的公開信，信件的簽署者包含來自各種政治光譜立場的藝術家與作家。[5]這封信像是在知識份子圈拋磚引玉，引發一連串對取消文化的深入評論。每當有人批評取消文化時，另一種觀點都會同步浮現，認為適度減少某些公共言論是合理的。這種觀點認為人們應該更謹慎使用言語，尤其當牽涉到種族歧視、恐同、性別歧視、身心障礙歧視等內容時。如今這種觀點廣為人知，亦即言論自由可能容許個人發表種族仇恨等有害言論，但不代表無需承擔對應的社會代價。

然而，這種觀點還是無法解釋在不同情況下，哪些社會代價是適當的。我們確實可以支持人們應該對自身言論負責的立場，但不一定每次都要用毀滅性的「炎上」方式回應爭議言論。一名偏執者宣洩侮辱言語，和一個深思熟慮的人竭誠表達被認為錯誤甚至有害的觀點，這兩者間存在明顯差異。但取消文化似乎常抹去回應這些情境的差異，因此不難理解批評取消文化何以成為一股潮流。我認為呼籲大眾應該對給予某人受詛咒的標籤、讓他成為被公開摧毀的祭品這件事保持警覺，應該不會有太大爭議。如果這是取消文化可能造成的後果，那我們至少能把它視為反對取消文化的一種理由。然而，這真的是取消文化的運作方式嗎？如果是的話，對誰而言又是如此？

取消文化的必然性與獻祭性質，比起針對知名藝術家，或許對普通人的影響更為顯著。舉一個經典故事為例，賈絲汀．薩科（Justine Sacco）在推特上發布一則不得體的笑話，隨即成為網路憤怒鄉民的箭靶，後來她遭到公司解雇。[6]類似事件層出不窮。這些案例揭示取消文化無法不以極端方式運作的問題。這不令人意外，因為你無法「部分取消」某人，這是非黑即白的事。取消文化的擁護者可能希望追究責任，但責任應該以比例原則來調節。要求一個人對他的不當笑話負責，與那個人因為笑話而丟掉飯碗之間存在很大差異。此外，如果過度熱衷於取消文化的支持者忽視比例原則，那可能引發意想不到的後果。他們會讓那些因為不當行為面臨合理後果的人，藉機將自己包裝成取消文化的受害者。舉例來說，美國國會大廈遭受武裝襲擊導致五人死亡後，時任美國總統的川普（Donald Trump）因為煽動叛亂遭到彈劾，並得出席國會聽證會。[2]然而，眾議員吉姆・喬登（Jim Jordan）卻抱怨那次聽證會是一場取消文化事件。[7]一個人在試圖煽動暴力政變後本來就會面臨嚴厲後果，那與被取消完全是兩回事！

然而，你可能會合理認為，身為眾所皆知的藝術家，本身情況就與賈絲汀・薩科的案例不同。我們常說應該以更高標準要求公眾人物。你可能會認為知名藝術家的影響力與佔據的舞臺，直接影響了人們要求他們負責的尺度，即便只是回應他們的推特言論。

2 此指二〇二一年一月六日發生的美國國會山莊暴動事件。當時約有兩千多名時任美國總統川普的示威者，衝進位於國會山莊的美國國會大廈。當時國會正在進行選舉計票，認證二〇二〇年美國總統大選結果為喬・拜登獲選。示威者佔領與破壞國會大廈長達數小時，造成五人死亡，一七四名人員受傷。

可是，即使是認為「取消」是懲罰不良行為合理方法的人也該謹慎思考，當他們試圖取消一名不道德創作者時，究竟想達成什麼目標。相較之下，支持懲罰觀點的人可能以不同目標區分適合的懲罰類型，並非所有懲罰論的人都期望相同結果。懲罰論的思考方向包含矯正性、隔離性與報復性等類型。矯正性方法旨在改善個體未來行為，其中可能包含兩種取向：一種具有矯正意義，針對已經犯錯的人；一種具有嚇阻意義，針對還未犯錯但可能會因為懼怕懲罰受到阻止的人。隔離性方法的目標是預防個體再度犯錯。需要注意的是，矯正性方法跟隔離性方法對個人道德自主性抱持不同的態度。矯正性方法的目標是鼓勵人們下次做出不同選擇，隔離性方法的目標則是限制個體的選項。換言之，無論有期徒刑是否能有效改變受刑人的未來行為，只要將他們關進牢裡，就能確保他們難以犯案，至少讓他們很難去搶銀行。最後，報復性方法的目標單純是懲罰個人，讓他們因為自身行為受到應得痛苦，無論這對其未來行為有何影響。[8]

不同方向的懲罰目標為我們提供評估取消行動是否合適的一些選項，或許還能作為網路鄉民出征前的快速參考指南。我們姑且不就應該追求哪種目標做出判斷，但可以看出在特定情況下，取消行動可能是達成這些目標更好或更差的手段。比方說，我認為人們對敗德創作者的關注焦點常集中在性剝削議題上並非巧合。在這些案例中，剝削行為往往建立在藝術家的名氣光環，加害者的地位高低因而與他的敗德行為有密切關聯。此外，這些案例常涉及特定可辨識的受害者，跟針對創作者個人態度的道德批評（包含種族歧視、性別歧視與恐同等）形成明顯差異。當然，種族歧視、性別歧視與恐同也會造成許多受害者，但通常比較難像人際剝削般會有具體受害人直接出面指控，將惡行歸因於某位藝術家。考量上述原因，人們會擔憂未來可能出現更多受害者，尤其性侵犯通常是慣犯。因此當創作者利用名氣進行性剝削，人們會合理認為將他的掠奪行為曝光，能有效遏止他繼續加害，從而預防未來更多人被傷害。

當然，如果說抵制某人的目標是要防止他在未來繼續作惡，那前提是此人必須還活在世上。這也解釋為什麼人們會更積極抵制被指控性剝削年輕男性的演員凱文・史貝西，[9]對義大利畫家卡拉瓦喬（Caravaggio）的行動則較少。[10]卡拉瓦喬曾在試圖閹割一名情敵時不慎殺死對方。從抵制結果來看，當代名人可能會因為受到嚇阻不再繼續造成傷害，而已經作古的歷史人物本來就無法再添加新的受害者。雖然取消行動是否真的產生嚇阻效果仍難以判斷，但至少有成功的可能性。

不過，還有一個進一步的問題，有助於解釋這兩種情況在關注點上的分歧。除了創作者是否能造成更多傷害（即是否在還世），人們還關注創作者所涉及的**傷害類型**。雖然沒有人真正試圖抵制卡拉瓦喬，但近期輿論對於是否該取消法國象徵主義畫家高更展開了廣泛討論。高更在晚年拋下法國的妻兒，前往大溪地作畫，並在餘生性剝削多名當地年輕女子，最終死於梅毒併發症。

卡拉瓦喬與高更這兩個案例的核心差異，在於他們悖德行為的性質與其代表的意義。雖然情殺顯然是不公正的，但卡拉瓦喬的事件只反映他個人好鬥與時而暴力的性格，並未涉及更大的社會不公。相較之下，高更的行為是殖民主義中廣泛系統性不公的一部分，而殖民主義至今仍持續造成傷害。此外，卡拉瓦喬的罪行似乎與他作品的意義沒有直接關聯；相反地，高更的畫作經常被批評從西方白人男性視角，將有色人種女性物化為帶有「異國情調」的性慾對象。這不僅引發批判，也促使藝術界作出回應。例如畫家凱因德・威利（Kehinde Wiley）透過一系列作品，試圖重塑高更在大溪地畫中描繪人物的尊嚴與主體性。[11] 雖然卡拉瓦喬的畫作有時帶有暴力氣息，但沒有人會認為他是在美化自己的謀殺行為，也無法將他的謀殺與當今發生的謀殺明確聯繫起來。相反地，許多人認為高更畫作展示的正是殖民權力的運作，正是這些權力，讓高更能在大溪地對年輕女孩進行性剝削。由於殖民主義的影響至今猶存，從種族不平等、經濟不平等到文化剝削不一而足，高更已不在人世這點不會像卡拉瓦喬的案例一樣，形成對他作品發起行動的阻礙。高更的畫作承載與殖民主義密切相關的公共意涵，卡拉瓦喬的作品在謀殺方面則缺少這種連結。

話雖如此，我們仍需要進一步追問：試圖抵制高更之類的藝術家目標是什麼？比方說，取消他作品的展覽是否真的能為對抗殖民壓迫帶來實質效益？同樣的問題也適用於其他已逝的藝術家，尤其是那些因為觀點遭受抨擊的人，他們的行為或許沒有那麼嚴重偏差。例如支持法西斯主義的賽林（Céline）、[3]反猶主義的羅德・達爾與艾茲拉・龐德（Ezra

3 路易－斐迪南・賽林（Louis-Ferdinand Céline，一八九四年－一九六一年），法國作家兼醫師，其小說被視為二十世紀重要著作，代表作為《長夜行》（*Voyage au bout de la nuit*）。二戰期間，他公開支持納

Pound）、[4]種族歧視的洛夫克拉夫特（H. P. Lovecraft）[5]與早期的蘇斯博士（Dr. Seuss）。[6]有人可能會認為反對與這些創作者的作品互動，等同於反對他們支持的有害意識形態。

但真的如此嗎？而且，這真的是取消文化的行動者追求的目標嗎？值得強調的是，新聞媒體在報導取消文化中的抵制行動時，常常將其與不同立場混為一談，而這些立場唯一的共同點是希望認真看待創作者的不道德行為，而非忽視或掩蓋。舉例來說，當你讀到《紐約時報》一篇標題為〈我們該徹體停止欣賞高更了嗎？〉的文章時，可能會期待文中至少有一些前面討論過抵制高更的觀點，但事實上，那篇文章並沒有傳達反對展覽高更作品，或主張人們不該再與其作品接觸的聲音。文中寫道，近期在倫敦國家美術館舉辦的高更展覽中，語

粹主義，撰寫多本反猶太手冊並發表支持納粹言論，被視為叛國作家。法國受盟軍解放後，他透過維琪法國取得簽證，逃往德國佔領下的丹麥尋求庇護。戰後，他因叛國罪受審，期間其作品遭禁售，直至一九五一年因特赦返回法國，重新開始出版作品。

4 艾茲拉·龐德（Ezra Pound，一八八五年—一九七二年），美國著名詩人，因其對現代詩的貢獻被視為

詩歌革新的重要人物。第二次世界大戰期間，龐德公開支持法西斯主義，並為義大利墨索里尼政權錄製政治宣傳廣播，批評美國政府並發表帶有反猶色彩的言論。戰後，他因叛國罪被引渡回美國，卻以精神失常為由避免受刑，並於療養期間獲頒博林根詩歌獎，此事引發巨大爭議。龐德晚年返回義大利，在那裡度過餘生。

5 洛夫克拉夫特（H. P. Lovecraft，一八九〇年—一九三七年），美國小說家，以其獨特的「宇宙恐怖」風格聞名，代表作包括短篇小說《克蘇魯的呼喚》等。他的作品創造了一個龐大且深具影響力的神話體系，並以「洛夫克拉夫特式恐怖」成為一獨立文學類型，強調宇宙的冷漠與人類的渺小，常涉及古老、神秘而難以言喻的異世界存在。然而，他的私人信件與部分作品中透露出強烈的種族主義觀點，成為後人對其評價的爭議焦點。

6 蘇斯博士（Dr. Seuss，一九〇四年—一九九一年），美國繪本作家，以充滿創意與押韻的故事聞名。他的經典作品包括荷頓奇遇記（*Horton Hears a Who!*，一九五四年）、鬼靈精（*How the Grinch Stole Christmas!*，一九五七年）等，曾多次被改編為影視作品，他的冥誕被美國全國教育協會訂為全美閱讀日（National Read Across America Day）。然而，蘇斯博士早期部分作品被批評含種族偏見與刻板印象，特別是《如果我經營動物園》（*If I Ran the Zoo*）等書中的插圖，描繪對特定族群的貶低形象。近年來，出版方停印蘇斯多本作品，引發公眾對其遺產的重新評估，但蘇斯依然被視為二十世紀最具影響力的兒童文學創作者之一。

音導覽提出了「是否該徹底停止欣賞高更？」的問題。同時，策展人也表達對抵制行動的擔憂。不過，文章採訪對高更一向直言不諱的批評者阿什莉・雷默（Ashley Remer），雷默卻明確表示：「我並不主張撤下這些作品，而是主張完全揭露此人的面貌。」。[12]或許確實有人反對展覽高更畫作，但普遍來說，高更的批評者都認為將他作品從美術館牆上撤下的觀點，似乎更多是基於聳動煽情而非事實。這種方式對不願正視知名藝術家敗德行為的人們而言，是一種便利的偷換概念，他們可以大聲抗議創作審查制度，或憂心畫廊從此變得空蕩蕩。運用這些修辭手段的目的是為現狀博取同情，但人們通常要求的只是公開透明，正視藝術家的惡行。如果「取消」一名創作者，只是意味著讓消費者有機會反思創作者的生平與他的作品間的關聯，那這個詞彙可說充滿誤導性，它將許多不同的涵義混為一談。

當然，會造成這種現象的部分原因，是現實中確實有許多人遭遇「被取消」的案例，無論是字面意義或象徵意義。這讓公眾輿論可預期地導向兩極化結論，因而出現看似討論是否該取消藝術家，其實只是在呼籲大眾認真看待藝術家濫權行為的文章。最近，在視覺藝術界最引人注目的「取消」案例，可能要屬美國人像畫家查克・克洛斯（Chuck Close）的展覽。克洛斯在舉辦展覽前被指控曾性侵與他合作的模特兒，美國國家美術館因此決定「無限期延後」該場展覽。[13]不過有一個簡單明確的方法，可以解釋為什麼這是一個深思熟慮且適當的決定，而非失控的取消文化案例，也不會讓人推導出每個遭受指控的藝術家都該撤下作品的結論。因為美國國家美術館的特展不只是普通的展覽，它是一種**榮耀**。（難道展示高更的作品不算一種榮譽嗎？我們晚點會再討論這點。）給予某人榮譽的意思，是將他視為值得敬佩的榜樣。[14]當一名藝術家性行為不檢的相關指控仍眾說紛紜，將他標識為應該被欽佩的人顯然會引發擔憂，即便他的作品具有重要影響力也一樣。無論對社會大眾或該名藝術家的受害者，我們都有充分理由審慎思考這項決策傳達的訊息。我在第二章曾解釋，當出現對創作者的公開指控後，已知的訊息將影響我們之後行動的意義，就像當我喊你的名字，你會選擇要停下來或繼續前行。而在一名藝術家被指控性侵時給予他榮耀，似乎是一種忽視受害者的形式。如同哲學家阿爾福雷德．阿徹（Alfred Archer）與班傑明．馬特森（Benjamin Matheson）寫道：「簡言之，向不道德創作者致敬代表支持一種觀點，那就是人們不會傾聽也不會在乎受害者的聲音，這將致使受害者保持沉默。」[15]

然而，向創作者致敬與接觸他們的作品往往可以被視為兩件事，洛夫克拉夫特便是一個代表案例。這名二十世紀初的作家以其獨特的「宇宙恐怖」（cosmic horror）風格廣受讚譽，但包括他最具代表性的短篇小說《克蘇魯的呼喚》在內，他的作品充斥強烈的種族主義意象。數十年來，世界奇幻獎（World Fantasy Awards）得主獲得的獎盃造型，都是一個洛夫克拉夫特的胸像（你可以把它想像成奇幻文學領域的奧斯卡獎，獎盃像是一個造型詭異的大眼頭像）。但由於奇幻社群日益增長的反彈聲浪，從二〇一六年起，世界奇幻獎不再使用洛夫克拉夫特胸像。停止使用洛夫克拉夫特人像與承認他作品的重要性、影響力與閱讀價值，這兩種觀點並不矛盾。如果繼續使用他的雕像頒獎，那意味著透過他的形象向他致敬。而向不道德的創作者致敬，會讓他們成為一種活生生的紀念碑。有時對於代表不道德事物的紀念碑，最好的回應就是將它們推倒。但這未必代表我們不該閱讀洛夫克拉夫特的作品。這種觀點與我在本書中不斷強調的想法一致：我們對藝術作品與創作者的態度，往往比我們是否接觸這些作品來得更有道德意義。我們可以同時堅守這兩種立場：一方面反對以洛夫克拉夫特的形象作為奇幻文學的傑出象徵，一方面也認同批判性閱讀他的作品具有價值。事實上，洛夫克拉夫特的種族主義立場可能具有藝術意義，但不是因為這種特點值得讚揚，而是它塑造了作家的文學世界觀。我們可以從中汲取教訓，儘管這些教訓令人不安，但它們了揭示恐懼的本質，以及恐懼如何受到種族主義社會影響。近期ＨＢＯ頻道的影集《逃出絕命村》（*Lovecraft Country*），正是專注於探討這項議題。作家泰勒．馬龍在一篇動人的文章中，描述他與演員約翰．韋恩（John Wayne）之間複雜矛盾的情感：

與其對藝術家的怪誕行為退避三舍，任由那些行為破壞原本有趣且細膩的作品；或選擇與藝術家保持距離，假裝創作者與作品之間存在一道不可逾越的牆，不如坦然接受藝術家身上那些如芒刺般的缺陷與獨特性。正是這些特質，讓作品更添奇異、複雜，神秘與消極能力（negative capability）。[7] 試圖打造一個如聖人般完美無瑕的藝術典

7　消極能力一詞出自葉慈（William Butler Yeats），指創作者能容忍矛盾與不確定性的能力，並在此狀態下進行創作。葉慈認為真正偉大的藝術，往往源於接受世界的模糊與無法解答之處，而非追求過於明確的真理。

範，不僅不切實際，也非值得追求的理想。[16]

比起洛夫克拉夫特，查克．克洛斯的案例又更複雜一點。對於洛夫克拉夫特而言，將榮譽與作品的可接觸性區分開來相對容易。洛夫克拉夫特的版權已經過期，人們可以免費將他的作品全集下載到電子閱讀器上。但畫作卻不一樣。如果要讓人欣賞畫作真跡而非數位複製品，就必須先將作品展示在某個地方，尤其對克洛斯這種經常以巨幅尺寸作畫的藝術家來說更是如此。這時有人就會想到，在藝廊或美術館展示藝術作品必定是一種榮耀。要同時不向洛夫克拉夫特致敬又能接觸到他的作品，相較之下不難達成；但碰到克洛斯這種視覺藝術家情況就更複雜。另一方面，如果以其他角度來看，克洛斯的案例應該更容易解決。洛夫克拉夫特的不道德觀點滲透到他的作品中（如果不考慮表現媒介差異，他在這方面更接近高更的案例）。雖然克洛斯的悖德行為發生在他的工作室，但不像洛夫克拉夫特一樣直接體現在作品內容。他的作品沒有被批評帶有種族主義或厭女色彩。只要我們採取措施避免將藝術家神格化，那要區別「展示作品」與「讚揚敗德行徑」兩者並非不可行。

話雖如此，這不表示克洛斯所有畫作都應該繼續被展示。舉例來說，如果指控克洛斯性侵的模特兒本人不希望自己的畫像被展出，那該尊重他們的意願。在一個相似的案例中，模特兒艾蜜莉・瑞特考斯基（Emily Ratajkowski）曾撰寫一篇有力的文章，控訴一名曾性侵她的攝影師拍攝與出版她的裸照，她的指控隨後也引發許多女性迴響。[17]儘管影像所有權的法律問題可能很複雜，但出版社和畫廊其實可以出於道德立場拒絕展出相關作品。這會是一種認真看待指控與劃清界線的明確表達方式。

如前所述，當討論到藝術中的不道德行為時，「能否將作品與創作者分開？」的問題總是如影隨形。但討論至今，我們會發現這個問題在不同脈絡中會有不同意義。當專注於作品本身時，我認為藝術消費者能否自行評估與提出這個問題，是成為一名良知消費者的重要特質。但當關注焦點轉向創作者時，這個問題的意義又會不同。創作者的個人生平對他作品的美學品質有多大影響？這裡要面對的問題，是創作者為自身敗德行為承擔的後果是否必然延伸到他的作品？拒絕接受克洛斯的行為，是否代表也得拒絕他所有創作？

要回答這個問題的一個方法，是探討如何有效向受害者傳達「我們確實聽見他們聲音，並真心關切他們感受」的訊息。前文提到，我認為一個直接的做法是讓加害者被指控的影像作品停止流傳，但這只適用於特定情況。敗德創作者的受害者未必會出現在他的作品中。無論對受害者的需求有多少責任，這份責任是否要求公共領域徹底移除創作者的作品，對此我保持懷疑態度。面對極具影響力的創作者，我們應該從哪裡開始行動，又要做到什麼程度？影評人韋斯利・莫里斯（Wesley Morris）在探討ＨＢＯ紀錄片《離開夢幻島》中對麥可・傑克森涉嫌性侵虐童的指控時，很精確傳達這層憂慮。他寫道：「麥可・傑克森的音樂不只是一道菜，它比那更基本。它的音樂是鹽、胡椒、橄欖油和奶油，它的音樂就是起點，從那裡延伸創造的音樂無所不在。我們要從哪裡開始取消？」[18]你無法從流行音樂史上抹去流行音樂之王。

當然，在一些情況下，我們完全有理由選擇永遠不公開展示某些人的藝術作品。以山謬・利托（Samuel Little）為例，他是聯邦調查局認定美國史上最兇殘的連續殺人魔，承認犯下九十三件謀殺案，其中至少有五十件有相關證據。[19]利托在服刑期間，以粉蠟筆畫下受害者的畫像，其中有很多人仍未被確認身份，於是聯邦調查局將這些畫像公開，希望能找出受害者的身份。[20]這些畫像只能用怵目驚心來形容，成排的粉蠟筆肖像，都是平白無故慘遭繪圖者殺害的無名女性。光是看到這些畫作就讓我忍不住落淚，如果世界上真的有**永遠**不該公開展示的系列畫作，那這絕對是其中之一。

但我們很難從這個案例中學到什麼。與其他案例不同，利托不是一名被揭發惡行的知名藝術家。他先是一名罪犯，後來才拿起畫筆。許多關於不該輕易取消知名創作者作品的考量，包含作品具備的影響力、重要性、吸引力、藝術成就與價值都不適用於利托。我們有千百種理由永遠不舉辦山謬．利托的特展，這麼做也不會帶來任何損失。或許同樣的邏輯也適用於美國前總統小布希繪製在戰爭中受傷的士兵畫像，他所繪製對象經歷的災難性戰爭正是由他一手打造。[21]

不過在博物館或畫廊展示藝術作品的榮耀，也可以反過來傳達截然不同的訊息。公眾展示並不總是榮譽的象徵，許多用來清算敗德創作者的作法，正是將公眾關注轉變為羞辱的來源。哲學家丹尼爾．考爾卡特（Daniel Callcut）在反思高更案例時寫道：「名氣不再是免於道德審查的盾牌，反而成為吸引道德關注的磁鐵。如今，知名藝術家的過錯被曝光與檢視的程度，遠遠超過日常生活中犯下同樣錯誤的人。就這層意義而言，劇本已經被徹底翻轉。」[22]

我一部分同意考爾卡特的說法，但也認為是否能有效引導對知名創作者的道德審視，是能不能翻轉劇本的關鍵。如同一些人呼籲應該為高更的作品提供更完整的脈絡詮釋，也許我們不應該取消不道德創作者的作品（無論他們是否還在世），而是該將他們的作品與爭議行為並列討論，讓兩者明確對質，尤其當創作者的惡行是系統性且毫無意義的，例如高更的性剝削。如果我們在查克．克洛斯的巨幅自畫像旁，同時附上他多次被指控性侵與虐待的細節，那他作品被展覽的意義將會變得截然不同。

這種作法是否可能傳達出人們傾聽受害者的聲音，但最終仍選擇忽視的訊息？是否會表現出藝術比創作者虐待行為更重要的意涵？我認為未必如此，這種方法也能讓人理解事件的複雜性。它讓人明白創作重要作品的能力，不等於一個人值得被景仰；也傳達我們不會因為一名創作者的名聲而忽視對他的指控，反而會確保受害者的故事被聽見，並讓加害者承擔應有的責任。期望將一名濫用權力的創作者從公眾領域徹底抹除，是一種可被理解的反應，但這不代表所有未達到徹底「取消」的行動都是對指控不重視。事實上，這種過激的反應有時更可能讓人失去追究加害者責任的工具。

如果揭露創作者的不當行為並呼籲取消他們的目的，是讓更少人接觸他們的作品，從而削弱創作者的文化影響力，那這些手段是否真的有效變得很重要，否則抵制行動可能適得其反。例如在有關勞凱利和麥可．傑克森涉嫌不當行為的紀錄片上映後，他們的音樂在串流平臺的播放量不減反增（而且還不只是小幅上升，在《勞凱利倖存者》〔Surviving R. Kelly〕最終集播放當天，勞凱利的串流活動上升了一一六％）。[23]至少從短期來看，試圖透過揭露不當行為來限制創作者文化影響力的方式未必有效。

不過，我確實認為這些數據背後存有一線曙光。在第二章中，我曾主張對良知藝術消費者來說，他們肩負的一個重要任務，是在認知創作者不道德行為的基礎上重新評估其作品。這些資訊是否影響作品的美學成就？如果有，那箇中原因是什麼？如果有更多人回顧受到道德批評創作者的作品，那實際上反而是一種道德成功。當然，這種活動對許多藝術消費者來說可能是潛移默化而非明確自覺的（畢竟他們還沒讀過這本書），但持續關注某位敗德行為被揭露的創作者作品，從道德上來說未必是件壞事。

此外，這點也讓人留意到，光是要降低或限制消費者接觸敗德創作者的作品，就得耗費相應的道德成本。假設我沒說錯，一名有良知的藝術消費者意味著具備能力審慎評估創作者的不當行為跟他的作品間的關係。如果試圖阻止人們繼續消費，那可能會剝奪他們評估的機會，讓藝術消費者無法行使自身的道德自主權。無論降低道德瑕疵創作者作品的流通可能帶來什麼利益（有時連是否有益處都不明確），這麼做都需付出巨大道德代價。即便你認為讓勞凱利和麥可・傑克森的串流活動急遽下降是件好事，你也可能覺得消費者自主做出抵制的決定，會比相關平臺直接下架作品來得更好。成千上萬的粉絲齊心協力、集體抵制一名創作者會是場引人注目的事件；相較之下，如果只是某個唱片公司高層畏懼壓力而移除作品，可能會讓人感覺只是場空洞的勝利，而且還帶有一絲家父長式的干涉意義。

但也可能未必如此。或許我在前幾段描述中，太強調「有良知的藝術消費者透過自主道德規範，選擇如何與敗德創作者作品互動」的重要性。如果你認為藝術領域存在的最大問題是位高權重的人持續包庇加害者，助長不當的行為，那麼呼籲權力機構取消創作者便能夠對症下藥。這也是區分創作者是從行為犯錯或言論犯錯變得重要的地方。至今為止，本書討論的不道德創作者大致可分成兩類——掠奪者與偏執者。當然這兩者並非截然二分，但它們概括了像是凱文・史貝西與莫里西（Morrissey）這兩種類型的人物差別。凱文・史貝西被控訴涉嫌性侵年輕男性，莫里西近期則愈來愈公開支持法西斯主義，但就我所知他沒有被指控對任何人進行身體虐待。[24]我們對藝術圈中的掠奪者與偏執者採取不同方式應對，這點並不難令人理解。針對掠奪者，我們不僅希望傳達他們的行為是錯誤的訊息，更希望避免相同行為再次發生。如果目標是防範未然，那在某些情況下發起抵制是正當且有效的。例如凱文・史貝西就被徹底取消，他除了在長期主演的網飛影集《紙牌屋》最後一季中被踢掉，電影《金錢世界》（*All the Money in the World*）的導演雷利・史考特也決定以換角方式，找來演員克里斯多夫・普拉瑪（Christopher Plummer）重拍凱文・史貝西的戲份。[25]在一連串形象崩壞的際遇後，凱文・史貝西想必很難再像以前一樣利用名氣侵害別人。但重要的是，這些抵制行動與其說是針對凱文・史貝西的藝術家身份，不如說是針對他的名聲與相關的權力。

假設在職場上有一名主管利用自身職位剝削下屬，那他就是在濫用權力。根據濫權行為的特質，這名主管很可能會被解雇，至少不應該被繼續放在有權力支配他人的位置上。公眾人物未必有這種制式的權力結構，但他們確實掌握相當可觀的社會影響力。而削弱他們的未來職涯發展，是一種能減弱他們社會權力的方式，如同公眾對凱文·史貝西的回應。然而，即使認為這些後果合情合理，我們可能也不太確定更廣泛的取消行動，如拒看凱文·史貝西過去主演的經典作品，如何有助於防止他未來的掠奪行為。參考哲學家維根斯坦所說的話：「一個轉動卻不帶動其他部分的輪子，不屬於機械結構的一部分。」[26]限制接觸某位創作者過去的作品，不僅讓人難以看清行動的成果，還可能付出更大代價。正如作家葛雷汗·達瑟勒（Graham Daseler）提及，如果我們放棄伍迪·艾倫全部電影，那我們也會失去一些最出色的經典作品，如黛安·基頓這名代表性演員的演出。[27]尤其對影視作品這類需要大量協作的藝術形式，全面抵制帶來的附帶損失可能非常可觀。

即便對一些掠奪者進行抵制行動是合理的，但對偏執者的情況則大不相同。例如我們不可能透過終結所有種族主義藝術家的職涯來杜絕種族主義。種族主義是個**系統性**問題，它深植於體制中，滲透到我們所處的社會現實。我們當然應該討論、批評與反對人們表達種族主義（或厭女、恐同等）觀點，無論對方是否為藝術家。但假使以為終止一名說種族歧視笑話的喜劇演員職涯，就能像終結性侵加害者未來發展般有效遏止不當行為，那我們就是在自欺欺人。

但如果針對偏執者的回應目標只是表達不滿，而不是像對待掠奪者般期望防患未然，那我們回應的方法也會隨之改變，不一定能透過現行的取消行動，達成抗議創作者偏執行為的目標。有效行動的關鍵在於針對適當的權力槓桿施力。我們往往容易執著於懲罰某位創作者，而忽略實際掌控流行藝術內容的人是媒體高層。從這個角度看，取消文化的獻祭特質實際上反而可能讓藝術界的掌權者獲利。世界上有無數名才華洋溢的創作者從未像一些受到工作室支持的知名藝術家一樣，獲得同樣的財務支援與曝光機會。如果過度關注如何終結特定創作者的職涯，可能會引發爭議並吸引注意力；而如果抵制的行動不夠果斷，反而可能提供創作者更多宣傳機會。人們一直都在抵制戴夫・查普爾（Dave Chappelle），[8]卻從未奏效。

8 戴夫・查普爾（Dave Chappelle，一九七三年—），美國脫口秀演員，以犀利幽默與社會批判聞名。經典節目《查普爾秀》奠定他在喜劇界的地位，然而，因其作品時常以冒犯性方式談論種族、性別等爭議議題，而多次遭到抵制。但查普爾以直面爭議的態度和挑戰禁忌的風格，經歷多次「取消抵制」後仍成功復出，屹立於當代喜劇界，更獲得「馬克・吐溫幽默獎」等殊榮。

對此，專欄作家奧西塔・努瓦內武（Osita Nwanevu）精闢指出：

> 如果我們發現自己每週都在不同憤怒情緒間暈頭轉向，也許應該思考，現在要引發憤怒如此容易、代價前所未有地低廉，卻能讓那些以「逆風」與「挑釁」為業的人得到如此龐大收益。當這些人不在推特上為自己的處境唏噓感嘆時，他們或許正在為《時代》雜誌或《大西洋月刊》撰寫專欄、完成即將出版的暢銷書，或接受比爾・馬赫（Bill Maher）固定邀請，在全國電視臺的新節目亮相。這就是取消文化下的日常。總體而言，他們過得還不錯。[28]

努瓦內武這段話的重點在於，儘管掌權的藝術家與作家常將輿論焦點放在取消文化的威脅性，但那實際上對他們幾乎不構成威脅。另一方面，正因取消文化過度專注在個別創作者身上，當它真正發揮效力時，反而讓藝術界有權勢的群體得到聲討特定創作者的機會。他們只要跟風大力抨擊就好，而不用改變自身的運作模式。[29]哲學家奧魯弗米・泰沃（Olúfẹ́mi

O. Táíwò）將此描述為一種橫跨各政治光譜的「菁英俘虜」（elite capture）現象。[9]其中，身份政治是這種現象的犧牲品之一，揭示一種本該為弱勢群體發聲的理念，最終卻被利用來服務當權者。[30]取消文化引發的網路公憤尤其容易受到菁英俘虜影響。由於取消文化仰賴社群媒體，本身是注意力經濟的一環，而注意力是種有限的資源。當取消文化讓人們的注意力都集中在獻祭某個特定個體時，藝術界的掌權者很容易就默許某些創作者「被取消」。如此一來，他們就不需要對組織內部的權力結構或決策模式做出實質性改變，如同記者海倫．路易斯（Helen Lewis）寫道：「體制內的掌權者**很喜歡**大張旗鼓表態支持進步思想……因為那有助於維護他們的權力。」[31]怒氣沖沖的推特用戶可能會獲得片刻滿足，但在現實中什麼也沒改變。

9 奧魯弗米．泰沃（Olúfẹ́mi O. Táíwò，一九九〇年—），美國哲學家，現任喬治城大學哲學系副教授。以其對種族、殖民歷史與全球不平等的深入研究聞名，並致力於將這些議題與現代哲學理論相結合。他的觀點時常挑戰傳統的西方哲學框架，強調從非洲與全球南方的視角理解問題的重要性。

取消文化背後並非完全沒有合理的動機。作家塔內西・科茲（Ta-Nehisi Coates）就認為取消一個人不是什麼新鮮事，不過在過去，這種權力只屬於有權有勢的人，因此可能衍生出不合理的取消行動。科茲寫道：「凡是清醒看待這段歷史的人都會發現，現今對取消文化的反對聲音，關注的並非這種行動本身的傷害力，而是誰有權力使用它。」[32]他以運動員科林・卡佩尼克（Colin Kaepernick）為例，卡佩尼克曾為了抗議非裔美國人面對的暴力威脅發起和平抗議，而遭到美國國家美式足球聯盟（NFL）封殺。然而，一般批評取消文化的人似乎未將卡佩尼克的遭遇納入「取消」的案例，而忽略他受到有權勢者不合理取消的事實。再舉一個例子，好萊塢圈子常出現一句經典的威脅：「你永遠別想在這行混下去！」這句話同樣是單方面行使「取消」他人權力的實例。不過，儘管科茲指出人們在批評取消文化時有有遺漏處（努瓦內武等人也支持這種觀點，下段將進一步說明），他也承認透過社群媒體讓取消的權力民主化是「次佳的方案」。比起讓當權者掌控取消權力，由群眾共享此權力更好；不過如果我們擁有合法且值得信賴的機構追究加害人的責任，那會更為理想。這樣一來，無論是掌權者或普羅大眾都不必再受到取消文化影響。

值得注意的是，另一名與柯茲政治立場相異的專欄作家布雷特・史蒂芬斯（Bret Stephens），同樣將取消文化的興起歸咎於體制失靈。[33]雖然他的看法比科茲更悲觀，但他同樣指出，大眾如今接管了本該由體制扮演的角色，而問題的解方仍是要重建體制的功能。史蒂芬斯對未來願景具有典型的保守派色彩，他呼籲一種回歸舊時方法的願景，而非推動體制改革。不過，儘管對制度該扮演的角色看法不同，我們仍同意最終應該由體制來擔任規範的角色。

當這個看法被套用在藝術界這種不定型的社會實體時，就會遇到一個難題：到底有哪些相關需負責任的制度，能避免世界落入受群眾驅動的取消文化？藝術界本身由許多正式與非正式組織構成。[34]正式組織的種類相當廣泛，包含博物館、畫廊、出版社、藝術學校、媒體集團、製作公司、唱片公司和雜誌社。考量到本書中討論的諸多案例，科茲的分析相當貼切：取消文化之所以興起，正是因為這些組織機構未能履行應有的責任。在#MeToo運動期間，每當有針對創作者的指控浮現，都代表背後有一群身居高位的人選擇掩蓋、模糊焦點，或根本無所作為。

問題在於，組織以外的社會大眾通常難以建立可靠的問責機制，因此即使取消文化有時能推動正確判斷，也無助於改變或建立一種能防止未來濫權的問責制度。此外，如前文所述，取消文化還帶來一個問題，社群媒體上的眾怒可能被菁英階層把持，卻沒帶來任何制度性改革。因此關鍵不是在批評或抗議藝術界的運作方式，而是審視取消文化的目標和運作方式。與其將焦點放在封殺特定創作者，我們更應該改變那些掌控公眾所接觸大部分藝術內容的機構，唯有這樣才能建立起真正負責的藝術機構。這不代表改革後致力於改善的機構必定會做出正確決策，但取消文化同樣經常出錯，卻沒有修正機制，一旦發生便覆水難收。近期哲學家雷吉娜·里尼（Regina Rini）寫了一篇探討由群眾力量實現「正義」的文章，其中，她將網路比喻為一種「大神」，類似於亞伯拉罕諸教中全知全能的神，祂無所不知且時時準備揮出正義的鐵拳。她寫道：

> 在網路的正義體系中並不存在一個上訴機制。當那些帶有歉意的聲明試圖撤回先前的指控，它們幾乎無法觸及最初提出震耳欲聾指控的廣大觀眾。這是為什麼網路像

一個「大神」，而不僅僅是一種失能的擬仿司法體系。再差的司法體系，理論上也能透過推動改革來究責。然而，網路有如古代至高無上的神祉，它無需對任何人負責。[35]

里尼的討論聚焦在網路驅動懲罰的嚴重性，以及群眾集體調查與歸咎責任過程的高錯誤率（似乎正確次數與錯誤次數一樣多）。如果將里尼的觀點以及努瓦內武對取消文化幾乎無法影響知名創作者的觀察相結合，那將得出一項令人不安的結論：取消文化的代價主要是由普羅大眾承擔，包含那些懷抱理想，但沒有名聲或財富作為後盾的創作者。

針對創作者還有一個重大問題，那就是有些創作者真的該被取消嗎？如同先前所述，取消文化通常不會區分不同類型的道德失當，尤其當同時面對性侵害與言論失當這兩種差異的行為時。這個問題在涉及道德上模稜兩可或尚未有定論的言論時格外明顯。事實上，當取消文化出於創作者的道德觀點對他們發難時，這項問題最令人感到棘手。在第二章中，我們討論過藝術應該是一個能探索道德模糊性與不確定性的領域；但如果允許公眾擔任審查者，決定哪些藝術家可以發聲，那即使有時他們的決定是對的，也會損及藝術這一層價值。

下面舉出的案例，可以幫助我們理解改革體制相較於取消文化的優勢。有時針對創作者不當行為的指控會聚焦在藝術創作的行為本身，即便他們的不當行為實際上與作品內容無關，而是涉及其他背景脈絡。這類指控包含「出賣原則」（selling out）和「文化挪用」。文化挪用的議題極為複雜，若要完整討論可能需要另外寫一本書（至於出賣原則則會在下一章探討）。在這裡我只想聚焦在文化挪用、取消文化與創作者生平的交集。其中一類案例是所謂的「代言挪用」（voice appropriation），意指指作者以非自身所屬文化社群的視角進行創作。

有一個廣受討論案例，是青年小說家科索柯・傑克森（Kosoko Jackson）因為在首部小說《狼群之地》（*A Place for Wolves*）中描寫阿爾巴尼亞裔穆斯林，而在推特上飽受抨擊，最終被迫下架作品。傑克森本身並不屬於該文化群體。[36]另一個案例是白人畫家達娜・舒茲（Dana Schutz），她在惠特尼雙年展（Whitney Biennial）上展示以愛默特・提爾（Emmett Till）為題材的畫作而引發爭議。[10]近期，白人作家珍妮・康明斯（Jeanine Cummins）的小說《美國垢土》（*American Dirt*）也因為被指控挪用墨西哥移民的故事，而遭到輿論反彈。以上這些案例中，批評者都是針對作品內容提出疑慮，但他們的疑慮往往是基於創作者的真實身份。許多評論者認為這些創作者不只是生產出有瑕疵的作品，更在一開始選擇特定創作題材時就鑄下大錯。

在上述討論的案例中，我們可能會認為如何對創作者的不道德行為做出適當回應，是個相當複雜的問題，但某方面來說這些例子又相對單純，因為創作者的道德過失往往易於辨識。作為一名掠奪者或偏執者顯然是錯的（儘管人們對怎麼樣算偏執確實有不同見解）。我們面對的問題是如何處理這些行為。對此，我們需要先面對一個不同挑戰，那就是挪用他者聲音存在的複雜倫理，尤其這個問題屬於較新的道德憂慮來源。

讓我們從一個很真切的問題開始。長期以來，藝術領域都飽受再現問題的困擾。在流行媒體中，鮮少有故事以邊緣弱勢群體的生活和聲音為主題。即便有亮相機會，這些群體也往往被以漫畫化形象、刻板印象或背景裝飾呈現。我想起迪士尼動畫電影《星際寶貝》開頭，

10 愛默特・提爾（Emmett Till，一九四一年—一九五五年）為一名十四歲的非裔美國男子。一九五五年，他被誣告搭訕一名白人女子，而遭到綁架並殘忍虐殺。然而因為偽證與陪審團偏見立場，兇手受到無罪釋放。本案為美國黑人民權運動的導火線，引發後續的反隔離法抗爭。

在精彩的太空追逐戰後，畫面中出現一排夏威夷舞者，但他們實際上只是三個同樣的複製人形。顯然，描繪少數族群的創作者不屬於相關群體為常見現象。儘管身份不相應不盡然會再現錯誤，但那確實無助於改善問題。在作品內容與創作者身份都存在再現問題的情況下，創作者身份成為評估藝術作品的重要考量，就不難讓人理解。

然而，將流行藝術中缺乏代表性的問題，轉化為一連串有條理的改善計劃，實際上可能存在許多陷阱。我們無法也不該期待一名小說家或編劇僅能描寫自己出身的社群世界。雖然我不認為在藝術界中，主張應該注意代言挪用問題的評論者不會主張這麼極端的作法，但我們仍需留意在處理任何身份或再現問題時，即便是無心也可能導向同樣結論。單純將焦點放在誰「有資格」代表誰尤其具有風險。首先，光是誰算是特定族群的成員，就可能引發激烈爭執。例如一名從沒去過印度的印度裔美國人，能寫印度的故事嗎？即便理清這些「群體成員資格」的問題，我們是否真的希望閱讀或觀看只包含創作者所屬社群成員的故事或電影？一個作家只能寫符合自己性別認同的角色嗎？這些限制既不現實，又會讓創作變得非常受限，特別是當人的身份認同如此多面時。

對此，評論家採用的策略，是巧妙地避免將作者身份與作品主題一一對應。他們往往結合對作品內容本身的批評，來表達對作者身分份與作品之間關聯的擔憂。[37]以康明斯的《美國垢土》為例，許多評論並不是直接斷言美國白人女性不該寫墨西哥移民的經驗，而是提出更細緻的論點。他們會主張康明斯沒有深入瞭解她所描繪的社群，因而陷入刻板印象與再現失真的問題。評論者也會質疑，當一名美國白人女性書寫墨西哥移民的故事時，她能獲得大量宣傳曝光與高額報酬，但真正屬於相關社群的作家卻往往不受重視，甚至必須以低於市場價格的方式出版作品。[38]這些批評都**涉及**康明斯的身份，但並沒有**止步於此**。

有關代表性問題的批評聲音，也不只針對在出版業享有優勢的白人（白人在出版產業中佔有八二％的比例）。[39]例如前文提到的科索柯．傑克森就是黑人，而像蕾貝卡．朗霍斯（Rebecca Roanhorse）就是一名具有非裔美國人與美國原住民血統的作家。朗霍斯曾將小說《閃電的蹤跡》（*Trail of Lightning*）的故事背景設在納瓦荷（Diné, Navajo）的原住民保留區，但她因為不屬於納瓦荷族而受到批評。[40]如果說批評代表性不足的問題是為了正視少數群體的聲音，但在像朗霍斯的案例中，本來就屬於少數的作者卻成為犧牲品，那我們確實需要深思這套批評方法的原則。在這裡，我不是要解決剽竊別人聲音或誰應該書寫誰的問題，而是想強調這些議題的複雜性。當然這些問題都應該被好好討論，但取消與抵制是否為回應剽竊他者聲音的適當方式，這點值得我們認真思索。[41]單純取消這些創作者，相當於要求對藝術領域中「誰應該再現誰」的問題給出答案，並以此重建與鞏固藝術界的形貌。這在道德規範仍充滿不確定性的前提下，是條很危險的路徑。

儘管上述提及許多對創作者的回應確實屬於取消文化的範疇，但仍有許多回應並非如此。例如在針對小說《美國垢土》的批評中，聰明的評論者避免取消文化對單一創作者的執著，而將焦點轉向出版產業。大衛・鮑爾斯（David Bowles）就針對出版業每年將大量資源投注在單一書籍的商業模式提出批判。他寫道：「如果《美國垢土》沒有那麼多宣傳炒作，或許只會被看作一部粗糙的作品，不值得多加注意。」[42]施瓦娜・蘇狄奧（Shivana Sookdeo）則指出：

> 在我看來，《美國垢土》會問世，不只是出版業中拉丁裔人口不足的問題……更是

因為進步主義的表象比實際行動更受到重視。如果我們不提供出版業中的弱勢群體支持，無論是足以維生的薪資，或避免受到外在壓力反撲的保障，那根本無法吸引更多人加入。這種勞動人口若未增長，就無法有效防止剝削性作品出現，也會讓多元人才面對的工作環境更加不友善。最終，出版業又會回到原點，偏好選擇安全且偏白人的聲音，因為整個產業鏈都受到忽視。[43]

蘇狄奧提到「進步主義的表象」，正呼應本章前段談論取消文化受到「菁英俘虜」的擔憂，值得注意的是她完全沒有將焦點放在康明斯身上。從蘇狄奧的觀點來看，真正的解決方法是改變整個產業，[44]不僅僅是增加出版業內從業人員的多樣性，更是關於如何培育並支持這些個體的發展。這項論點可以進一步擴展到整個藝術界的社會機構。舉例來說，近年來美國的藝術資金持續縮減。[45]讓各個博物館充滿無薪實習生。[46]如同藝術史學家琳達・諾克林（Linda Nochlin）在著名的文章〈為什麼沒有偉大的女性藝術家？〉（*Why Have There Been No Great Women Artists?*）中提出，我們的藝術體制被有系統設計成偏好中產階級白人男性的作品，[47]但事實上，我們有無數種改革藝術體制的方法。透過系統性的變革，藝術領域將提供新興聲音發揮的空間，確保更符合倫理的藝術實踐；同時，我們也能剔除原先的掠奪者，塑造一個不需要取消令人反感的創作者的環境，當行為有爭議的創作者背後不再有不公正的權力支持他們爬到頂端，他們也不再值得被注目與取消。

如果將這個議題與「拒絕提供平臺」(no-platforming）的做法進行比較，我們可能會得到一些啟發。「拒絕提供平臺」是指阻止特定人士在學院與大學發言的行為。根據哲學家羅伯特．辛普森（Robert Simpson）與阿米亞．斯里尼瓦桑（Amia Srinivasan）所說，雖然人們常以言論自由角度探討禁止提供平臺的議題，但實際上這項行動是針對校園活動，若把它放在學術自由的框架下討論會更貼切。[48]辛普森與斯里尼瓦桑指出，學術自由的一項基本原則是確保大學在一定程度上不受外界影響，專家學者能根據自身專業探索最佳的研究與教學。因此，當一些言論內容被排除在大學之外，那可能代表它們不值得被認真對待。舉例來說，如果有一間大學拒絕讓某個支持「地平說」(flat-earther）的人發言，那不會被視為違反言論自由，因為地平說已經被證實是一種過時的天文學理論。辛普森與斯里尼瓦桑也提到，現實確實會有一些難以抉擇的案例。當專家學者對某些內容是否超出可接受範圍各持己見時，問題可能變得很複雜。但他們的觀點是拒絕提供平臺不盡然與學術自由矛盾，有時更可能是必要的措施。

假設按照這個推論，學術環境中的發言權應該由學校成員負責規範，而非社會大眾。這正是關鍵所在：當社會大眾不主導規範，學術自由的獨立性才能受到保障。儘管藝術界許多體制結構與學術界不同，但我們仍能從辛普森與斯里尼瓦桑的分析中獲得關於藝術界跟取消文化的啟發。在藝術領域中，許多擁有體制權力的人，像編輯、導演、出版商、評論家、策展人等，會決定哪些作品值得向公眾推廣，他們扮演的角色類似於學院中的教職人員。雖然說每個人都被賦予透過藝術表達自我的機會，但沒有人的作品**會理所當然獲得**出版與發表機會。這是藝術界與學術界不太一樣的地方，在很多情況下，體制內的成員除了考量藝術品質，哪些作品能夠獲利也是決策標準，有時甚至會取代對品質的考量。無論如何，這些握有機構權力的人在體制層面發揮關鍵作用，他們能決定什麼樣的藝術值得支持、哪些創作者能作為合作對象。如果說藝術界的問題之一是掌權者過度縱容具有道德瑕疵的人，或忽視來自多元背景的創作者，那我們就需要改變這套體制的運作模式。我們需要建立能對創作者問責的體制，讓取消文化變得不再必要，並透過取消文化無法有效達成的方法推動改革。在有關言論自由的辯論中，我們很常聽到的觀點是限制令人反感言論並非萬靈丹，多方討論才是解方。這種說法常忽視的一點在於，思想市場並非公平競爭的賽場，優秀的思想不必然總是脫穎而出，然而這個觀點仍有一定道理。透過改革制度，我們能針對藝術界的權力槓桿施力，如是更多形式的藝術表達能被真正聽見。

當我們容許取消文化將人們注意力都集中在創作者個體身上，進而忽略體制時，也需要留意公眾的偏見與喜好可能進一步影響砲火對準的對象。舉例來說，儘管勞凱利與麥可・傑克森受到廣泛關注，但同樣被指控涉嫌性侵未成年對象的白人明星如大衛・鮑伊和吉米・佩奇（Jimmy Page），就幾乎沒有受到譴責。[49]這些掠奪者是真正該被取消的創作者。我並非主張社會大眾不該對勞凱利和麥可・傑克森的行為表達憤怒，但重點在於，公眾對黑人藝術家投注的憤怒遠大於對白人藝術家，這顯示將咎責義務交給社會大眾，並以取消文化與其他審查形式問責時存在的隱憂。公眾群體特別容易受偏見影響，如果沒有改革體制就貿然採取公眾咎責方法，不同創作者被審視的標準也會有所不同。

這樣看來，或許我們一開始提到《我愛羅珊》被下架的案例，實際上展現制度改革的可能性，而不像表面上看來的作為一種取消文化實例。許多人對美國廣播公司在羅珊發表冒犯性貼文後數小時就取消她的節目感到驚訝，然而報導指出，這項果斷的決策有部分應該歸功於美國廣播公司娛樂集團（ABC Entertainment）總裁錢寧．鄧貴（Channing Dungey）。她是首位擔任主流電視網高層的非裔人士。[50] 我們不應該將如此迅速明確的決定歸咎於取消文化，而是該將它視為鄧貴的功勞，她示範了掌握體制權力的高層，應當如何應對旗下創作者的不當行為。這項決策並非出於對輿論反彈的畏懼，而是期望建立一種捍衛特定價值的體制，如同美國國家美術館取消查克．克洛斯展覽的考量。當面對掠奪者時，體制高層應該堅定劃清界線。而當面對代言挪用這種更複雜的倫理問題時，我們需要一個能提升多元聲音的產業環境，來解決代表性不足的問題，而非依賴取消文化。性別研究與非洲研究領域教授布里妮．庫珀（Brittney Cooper）以歌手伊姬．阿潔莉亞（Iggy Azalea）為例，將阿潔莉亞挪用嘻哈音樂的行為描述為「黑人性聲音」（sonic Blackness）。儘管庫珀不喜歡阿潔莉亞的音樂，但她寫道：「如果阿潔莉亞活躍於黑人女性仍有機會發聲的嘻哈音樂時代，或如果主流黑人女性饒舌歌手多到超過一隻手才數得完，那我就沒有意見。」[51]

上述我對取消文化的批評，不應該被解讀為全面反對藝術界的抗議行動，或反對將社群媒體當作抗議工具。抗議行動是尋求前文主張制度性改革的重要機制，而社群媒體是讓這種抗議發酵的有效工具。舉例來說，日前社群媒體上發起的「奧斯卡太白」（#OscarsSoWhite）運動，就引發大眾對電影產業缺乏多元性的關注，還讓美國電影藝術與科學學院採取初步行動改善組織成員的多樣性。值得留意的是，儘管「奧斯卡太白」是透過社群媒體發起的抗爭行動，但它不屬於取消文化的範疇。正如運動發起人艾波．瑞恩（April Reign）對抗爭目標的澄清：「必須推動結構性與系統性變革，不僅僅在學院內部，更包括整個好萊塢。」[52]

這段討論的最後，我想簡單評論一下取消文化可能為藝術消費者帶來的進一步影響。如我們所見，取消文化的意涵是將某位創作者視為禁忌對象，這對他人的行為也會產生影響。一個人被視為禁忌代表他應當被社會孤立，這將帶來一種連坐效應，如果某人選擇繼續接觸被抵制創作者的作品，最後他也會遭到抵制。抵制行動對那些家財萬貫的大藝術家來說或許不痛不癢，但他們的粉絲卻可能會因為藝術家的踰矩行為付出慘痛代價。近期，《紐約時報》刊登一篇報導，探討取消文化在青少年之間的運作模式。文章開頭描述一個女孩認定班上某位男同學應該被「抵制」，因為對方冥頑不靈地在教室裡放勞凱利的歌。[53]別忘了，勞凱利就是那位因為剝削年輕女性遭受抨擊的音樂人。在第二章中，我提及粉絲應該認知到他們公開消費藝術的選擇可能帶有的意義。但在這篇報導中，創作者受到抵制的結果卻是讓聽他音樂的人也被孤立，彷彿創作者的罪過降臨到粉絲頭上。這種情況應該發生嗎？

我想這是取消文化中另一個令人不滿的特徵。人們應當擁有自主權去評價不道德藝術家的創作，這件事本身就蘊含重要的道德與美學價值。假設你決定停止消費某個道德爭議藝術家的作品，但不要求身邊的家人朋友也遵守同樣界線，那你算是偽善嗎？我不認為如此。我的想法是，堅信某位藝術家的作品應該被禁絕，並嘗試說服家人朋友拒看《安妮霍爾》，這種舉動和因為意見不同，就選擇孤立對方存在很大差異。我們可以將這種情境與人們對待食品倫理的態度作比較。肉品和乳製品的消費是一個嚴肅的道德議題，每個人都該認真思考畜牧業對動物福利與環境健康帶來的影響，然而支持純素主義的人通常不會因為有人吃起司就孤立他。事實上，即便觀點迥異，純素主義者、蔬食主義者和雜食主義者通常仍能同桌共餐，但取消文化卻常常鼓勵我們更嚴厲判別他人的藝術消費選擇。

對於這點，或許有人會說，那是因為純素主義者和雜食主義者之間**沒有那麼多**摩擦，而且純素主義者本該採取更強硬立場，要求雜食主義者對自己的食品選擇負起責任，雜食派應該受到抵制！但我不相信這種策略能讓更多人從此拋棄動物製品，既然如此，怎麼會有人覺得這種策略在藝術領域能奏效？哲學家貝雷特．艾默瑞克（Barret Emmerick）曾探討這個議題，思考該如何面對我們所愛之人擁護壓迫性觀點（例如種族歧視、性別歧視或恐同等）的情況？一種可能的方法是與這些人斷絕聯繫，但艾默瑞克提出的建議，是在安全情況下採取其他方法，那或許更符合道德。他更提出與所愛之人保持團結，試圖對他們的信念產生正面影響的見解，如同他寫道：「愛一個人的一部分要求就是相信他們成長的潛力，在他們失敗時不吝指責，並期待他們能做得更好。」[54]艾默瑞克提出觀點的前提，是當我們與某人有交情時，那讓我們更可能藉由提供一種「情感摩擦」影響他人的想法與行為，並更難維持壓迫性觀點。比如說，比起從你的種族歧視叔叔生活中消失，讓他能繼續保有那些從未受到挑戰的觀點，選擇與他保持聯繫並溫和挑戰他觀點的策略可能更為有效。這點也適用於個人的藝術選擇。假使你真的認為聽勞凱利的歌違背道德，抵制勞凱利的**粉絲**似乎不是改變他人行為的好方法。學者洛麗泰．羅斯（Loretta Ross）在一篇批評指控文化的文章中精準表達這一點，她指出：「『取消文化』同樣充滿問題的地方，在於人們會試著抹除意見相左的人，而忽略從歧視與不公中獲利的人。」[55]她更近一步闡釋，「大多數公開羞辱都是橫向的，它讓人們迴避敏感話題，而無助於創造改變。」

取消文化是一種粗糙的工具。我認為在某些情況下，確實有些掠奪者的作品需要被撤銷，如同美國國家美術館做出取消查克．克洛斯展覽的決策，但我仍難以理解在象徵意義上**全面取消**一名創作者的意義是什麼。當創作者做出傷天害理的事時，我們有充分理由不尊崇他們，也不應該無視他們的過錯，或假裝作品的藝術價值能當作敗德行為的藉口。但這些做法都跟試圖將某位創作者從世界上完全抹去不同。我們需要審慎看待致敬的對象，但不應該生活在一個假裝麥可．傑克森或洛夫克拉夫特從未存在的世界。徹底抹除一個人不是認真對待他人的作法，無論對加害者或被害者而言都是如此。事實上，許多倡議者都呼籲機構以轉型正義的核心原則，替代單純將罪犯監禁或對他們置之不理的懲罰性執法。一旦我們開始嚴肅回應創作者的道德缺陷，就能繼續鑑賞他們的作品。取消文化作為長久以來在藝術界淤積未清的道德清算，其發展結果並不令人意外，但終究不是實現我們需要的改變的最佳方法。

第四章 愛、信任與背叛

我們該如何看待不道德創作者？

當強尼．戴普遭指控涉嫌家暴時，文化評論家康斯坦斯．格雷迪（Constance Grady）回顧自己長久以來對電影《剪刀手愛德華》的熱愛。她寫道：「我愛這部電影。它讓我感受到各種深刻又強烈的青少年情感，這些感受都是真實的，讓我難以忘懷。但如今每當想起強尼．戴普，我都充滿深深的厭惡與道德上的憤慨。這些感受也很真實，無法輕易抹去。」[1]

在前面章節中，我們討論了該如何回應不道德創作者行為的問題。但對藝術愛好者而言，當創作者惡行被揭露，一個很核心的問題是他們產生什麼樣的感受。我們應該如何梳理內心對敗德創作者的矛盾情緒，而不只是陷入自我分裂的困境？該如何解讀這些情感的意義，讓這些情感塑造我們與藝術之間的關係？

在西方哲學傳統中，情感與理智常被明確區分。但在當代，也有許多哲學家認為理智常被情感形塑，情感也能接受理性的衡量。而藝術能充分體現這兩者的關係。在第一章中，我們探討過藝術作品常常旨在激發觀眾特定反應，包含情緒反應，人們可以藉由作品是否成功引發預期情緒來給予評價。在某些情境中，創作者的個人生活確實可能影響觀眾對作品的美學評價，但這絕非人們面對創作者敗德行為時產生的唯一情感。無論是對喜愛或痛恨的作品，個人情感在作品與個體之間都扮演關鍵角色。而當許多藝文消費者談到敗德創作者時感到特別深刻的情緒是**背叛**。前段格雷迪追憶《剪刀手愛德華》的文字中就透露這點。雖然她並未明確指出自己感覺被背叛，但描述的情緒組合正是背叛會激發的感受：她年輕時對這部電影的喜愛，被後來強尼．戴普行為被揭露後引發的厭惡所侵蝕。或者，我們也可以參考《衛報》一篇描述史密斯樂團主唱莫里西懷抱極右政治立場的報導，標題名稱即是〈大嘴巴再度失言：為什麼莫里西的粉絲深感被背叛？〉。[2]

當一個人發現自己深愛的創作者做出敗德舉動，或支持令人厭惡的觀點時，感受到背叛是一種典型的情緒反應。然而，這種情緒也蘊含某些令人困惑的地方。背叛是一種很**親密**的情感，[3]它與單純的失望、憤怒或挫折不同，是一種很個人化的體驗。我們不會對每位犯錯的創作者都產生背叛感，假設我得知一位不熟悉的創作者犯下滔天大錯，我可能感到憤慨，但不會覺得受到背叛。背叛的前提往往是叛徒與被背叛者之間存在特定聯繫，而這種聯繫通常被稱為信任。

然而，絕大多數粉絲與創作者都是素未謀面的陌生人，兩者如何建立起信任關係？事實上，我們並非從不相信陌生人，有時更會將信任寄託在陌生人身上。例如當你在火車上睡著時，可能相信同車廂乘客不會翻你的行李，或在你的臉上塗鴉；但如果你醒來後，發現自己的錢被偷了，臉上還被麥克筆畫了山羊鬍，你就會感覺被背叛，即便其他乘客都是陌生人。這是因為你們作為共同乘客，身處在一個需要仰賴彼此善意的環境，[4]因而產生一定親密感，如同俗話所說的同舟共濟。我們可以從這種情境的特徵來解釋為什麼你感到背叛是合理的。相較之下，如果有一位朋友跟你說他在火車上睡著時行李被偷，那背叛似乎就不是**你適合表達**的情緒。當然你可能會與朋友感同身受，替對方打抱不平，但你與那起事件的關係似乎不足以讓你感到背叛，畢竟當時你不在那班車上，不需要將信任交付給其他乘客。

另一種可能會讓我們感覺被背叛的典型陌生人是政治人物。通常人們不會跟自己支持的代理人有交情，卻可能因為他們的言論、投票行為或實際行動感覺被背叛。為什麼會如此？政治人物有自己的政綱，並以此給予選民明確承諾，陳述他們的計畫與價值觀。因此，儘管沒有真的認識他們，我們還是會和他們建立起一種信任關係。事實上，政治人物就是透過培養選民的信任來換取選票。當政治人物拋棄競選承諾時，我們感覺被背叛也是合理的。因為他們違背了選民的信任，最初人們是因為夠相信他們（也足夠天真）才會選擇支持。畢竟就算政治人物努力贏得信任，也未必代表會成功。對於一個憤世嫉俗的人來說，如果他從未期望候選人兌現競選承諾，那即使選上的代理人拋棄選前的政綱，他也不會感覺被背叛。他可能會憤怒，或只是用酸溜溜而滿足的態度確認自己的懷疑是正確的。假如從一開始就缺少信任，那感受到背叛就是種奇怪的情緒反應。這也解釋了為什麼我們可能對別的選區或國家的政治人物違背自己珍視的原則感到氣憤，卻不會覺得被背叛。例如，如果我們是從來都沒有理由信任澳洲總理的美國公民，那可能會對他頒布的移民政策感到憤慨而非被背叛。

現在我們更能理解為什麼覺得被崇敬的藝術家背叛，其中可能存在某種令人困惑的因素需要進一步探討。我們對藝術家的信任，並不像對火車上的陌生人基於同舟共濟的相信，也不是對政治人物給出明確承諾的信任。那麼，為什麼當藝術家做出壞事時，我們會感到被背叛，而不只是感到失望、挫折或氣憤？

其中一種答案是：因為我們愛他們。我們愛他們的藝術，也因為他們是藝術的創作者而愛他們。借用哲學家尼克．里格爾（Nick Riggle）的話，他們就是我們的美學之愛（aesthetic loves）。[5]

如同人際之愛有很多種形式，美學之愛也是如此。愛可以有很多種類與特質，我們對父母、手足、摯友與伴侶的愛不盡相同，對於藝術家的愛也一樣，從喜愛到癡迷，從健康的愛到病態的愛，種類形形色色。有時我們是**墜入愛河**，有時則因為他們讓我們走出生命中的苦難而產生愛意。有時則純粹因為他們的藝術讓我們感到完整。

青少年對音樂的狂熱崇拜是典型的**藝術奉獻**，他們會在牆上貼滿搖滾巨星的海報，穿上印了心愛樂團的T恤。如果有人跟我是千禧世代的人，還會在即時通軟體的離線狀態中引用歌詞。這種對特定藝術家的忠誠傳達了一種愛，它就和其他形式的奉獻一樣，體現出一套理念。[6]青少年會公開表達美學之愛，因為他們認為那是有意義的，能捕捉自我的真實以及支持的價值。不過他們畢竟是青少年，我很肯定他們不會承認這點。

雖然青少年可能展現最強烈的美學之愛，但我們許多人在一生中仍會以類似方式與藝術產生連結（即使表達方法比較含蓄）。藝術家的眾多才能之一，就是表達那些難以言喻的情感。我們常常覺得自己的美學之愛有一種獨特的能力，能用缺乏藝術天份的人無法達到的方式，雄辯地闡述與表達我們最深層的價值觀與信念。我們可能用一首詩向暗戀對象表達心意、從畫作中尋求心靈安定、在觀賞一齣劇後終於感覺自己被看見與理解。那些我們喜愛的、一而再回顧作品的藝術家，體現了一些吸引我們的理想。無論是創作中隱含的抒情優雅概念，或明確傳達的政治抗議宣言。反過來說，對這些藝術家的依戀也傳達了某種關於自身的訊息，包含我們是誰，以及我們追求的理想是什麼。

因此，當我們成為特定藝術家的粉絲，開始重視他們的藝術創作並產生認同時，最終也會產生信任。我們仰賴創作者對特定藝術價值的承諾，其中可能包含美學、倫理與政治理念等。根據哲學家安妮特・拜爾（Annette Baier）的洞見，信任可以被視為一種將自身**脆弱的一面**交付給他人的過程。當你信任火車上的陌生人時，你是冒著可能遭遇背叛或利用的風險；同樣地，當我們相信藝術家能代表特定理想時，也讓自己處於這些價值觀可能遭受侵蝕的脆弱境地。正因為這種愛、信任與脆弱的背景存在，才會有藝術家透過行為背叛我們的獨特情境。

參考作家克萊兒・戴德勒（Claire Dederer）在《巴黎評論》發表的文章〈我們該如何處理可怕男人的藝術？〉所說：

> 我把伍迪・艾倫上了宋宜這件事當作對我個人的嚴重背叛。年輕時，我**感覺**自己就像伍迪・艾倫。我直覺相信他在螢幕上代表了我。他就是我。這是伍迪・艾倫擁有的一項奇特才華，能讓觀眾覺得他代表自己。通常他在螢幕上會有一種看無能為力的人設，這更強化人們的認同感。他瘦弱又矮小，就像個孩子，對這個冷漠無情、難以理解的世界感到困惑（如同過去的卓別林）。我對他的感覺比一個小女孩對一名成年男

性導演的感情都來得親密。從某種瘋狂的程度來說，我認為他屬於我。我一直將他視為我們這些無助的人的一份子。宋宜事件後，他在我眼中就像是掠奪者。我對事件的反應並非出於邏輯，而是出自情感。[7]

戴德勒**認同**伍迪·艾倫，因此當伍迪·艾倫不再支持她認同的理想時，她感覺遭到背叛。雖然她認為這種反應是源自感性而非理性，但這其實是一種錯誤的二分法。事實上，戴德勒對伍迪·艾倫的認同相當常見且合理，這是我們接觸藝術時普遍存在的形式。這種投入就跟我們常有的各種情感糾結存有內在邏輯。如同戴德勒描述，她會對伍迪·艾倫產生認同是有原因的，並非隨機或出於某種無法解釋的直覺吸引。伍迪·艾倫是能引起共鳴的失敗者，戴德勒本身也有同樣感受。然而，要成為能引發同情的失敗者有一定規則，這種角色與一名性剝削者並不相容。因此當戴德勒認同伍迪·艾倫的理由被推翻，她投入的情感也隨之顛覆。認同某人包含一種不需言明的信任，也就是相信對方會用我們仰賴的方式代表認同的理念。而當這種信任被背叛時，認同就會隨之崩解。如果這種認同感在我們的情感生活中扮演重要角色，我們將迷失自己的方向。

哈維．溫斯坦（Harvey Weinstein）是能被拿來作為反證的例子。溫斯坦做出了駭人聽聞的掠奪行為，但當社會大眾知悉時，情緒反應是**憤怒**而非**背叛**。這種反應完美證明了我提出的論點。誰會愛上一個個**製片人**？製片人就像電影圈的銀行家，他們不是美學之愛的適合對象，無法讓我們產生情感連結，因此不會讓人對他們逾越道德的行為感到背叛。

無怪乎當我們產生美學之愛的對象，違背透過藝術培養的美學、道德或政治情感時，我們會感覺遭到背叛。對不在掌控之內的事物產生認同會讓自己變得脆弱，就像愛上一個人並相信與對方共同經營的關係。但喜愛一名藝術家的問題在於，我們寄託理想的對象不像個人關係一樣，由雙方共享計畫，藝術家擁有完全的掌控權。

我們可以看到一些很鮮明有時甚至有點病態的例子，來說明粉絲對藝術家的認同，尤其當他們將針對藝術家的指控視為一種行動號召時。例如在麥可．傑克森的粉絲中，有一些特別激烈的粉絲會為了捍衛他的名譽而訴諸法律，反過來告指控麥可．傑克森的人。[8]如果不是從此處探討愛與認同的角度來解釋粉絲與麥可．傑克森的關係，我們恐怕很難理解粉絲為何採取這種行動。哲學家克里斯汀・柯斯嘉德（Christine Korsgaard）曾主張，對於個人身分認同的威脅可能會讓某些行動變得具有規範性；換言之，人們會覺得有必要採取行動，以維護自身所珍視的身份。[9]對於麥可・傑克森的支持者來說，麥可受到的指控威脅了他們的認同。如果他們是情感生活大部分圍繞這種身份的死忠粉絲，會感覺必須為麥可辯護就不足為奇。

儘管對於敗德藝術家的背叛感是一種可理解的情緒反應（當然不一定像是麥可・傑克森的粉絲那麼極端），但這種感受並非必然。在上段內容中，我的目的是說明當藝術家的理念或行動細節被揭露時，為什麼感覺被背叛是合理的，但不是主張每個人都該有這種感受。你或許還記得第二章提及，J・K・羅琳在推特上發表跨性別歧視言論後，丹尼爾・雷德克里夫寫給《哈利波特》粉絲的安慰話語。他談到那些在書中打動粉絲的片段，表示：「那是你與書之間的神聖連結，我認為誰也不能動搖它。它對你的意義就是它對你的意義。」作家凱特琳・弗拉納根（Caitlin Flanagan）在討論伍迪・艾倫最近出版的回憶錄時也有類似觀點。她顯然和戴德勒一樣，也深愛伍迪・艾倫，但對於伍迪・艾倫遭到控訴一事採取截然不同的反應。她提出一個問題：「我們究竟能否繼續享受不道德創作者的作品？」也很快給予答覆：「當然可以。」弗拉納根寫道：「因為這些電影不只屬於伍迪・艾倫，我們每個人與這些電影都有同樣的關係。」[10]她接著闡述，每當她觀看伍迪・艾倫電影時，其實從未去想這件事是否正確；相反地，佔據她腦海的都是她與這些電影糾纏在一起的個人回憶。她總結道：「我認同伍迪・艾倫，並非因為我不相信戴蘭（即控訴伍迪・艾倫性侵的養女）。事實上我相信她。我認同伍迪・艾倫，是因為他的電影幫助我塑造了自己，我無法抹去這些記憶，如同我無法抹去讀過《大亨小傳》或聽過〈賜予我庇護〉（*Gimme Shelter*）這首歌。這些事物構成我的感知，每一個都屬於我生命的一部分。」

丹尼爾・雷德克里夫與弗拉納根的評論有著相似觀點。他們強調藝術作品對個人的意義，並主張這種聯繫不能被任何人破壞，即使是創作者本身。不過，這種觀點的問題在於它並不完全成立，至少從字面意義來看，創作者的行為**確實能**玷汙我們與作品的關係，如同戴德勒對伍迪・艾倫的認同瓦解時的經歷。在本章開頭，格雷迪談到她對《剪刀手愛德華》的情感也是如此，格雷迪說她無法抹去對強尼・戴普的厭惡與憤慨，因為她**辦不到**。戴德勒與格雷迪或許真心希望自己與曾經深愛的電影間的關係能像弗拉納根或丹尼爾・雷德克里夫所描述的，存在於一個受到保護的私人領域。對於創作者行為無法影響他作品的觀點，我們或許能善意解讀為一種道德上的許可，亦即允許作品維持獨立，讓它保有我們心目中珍貴且具啟發性的經歷。如同我在第二章中所主張，我對這種道德觀抱持友好態度，但這對那些因為得知創作者行為而改變對作品感受的粉絲而言，就像一種冷冰冰的安慰，甚至會強化被背叛的痛苦。我們可以從規範的角度解讀雷德克里夫的評論，認為書與讀者之間應該存在神聖的連結。可惜的是，神聖事物常遭到褻瀆。對於那些喜愛藝術與創作者的人來說，背叛的傷痛往往更為深刻。

目前為止，我描述了人們與創作者之間可能發展出的情感關係，並以美學之愛的概念解釋人們為什麼會因為創作者的個人行為感到背叛。不過人的情感生活不限於內心，也會透過行動表達。適當的情感反應會提供一種不同於前幾章探討的行動理由。在感受到特定情緒時，有些回應的行動是合理的。例如你被朋友背叛，可能會理所當然罵他們一頓、暫時遠離朋友陪伴，或不再特別幫助對方，這些表達情感的理由可能與之前討論的其他考量無關（例如這些舉動是否合乎道德）。因此如果能清晰描述我們對不道德創作者的情感反應特質與適切性，就能進一步解釋為什麼某些行為是合理的（例如拒絕再消費他們的作品）。回到第二章討論的議題，即使你認為抵制特定創作者不會帶來實質財務衝擊，也完全不擔心自己會被當成共謀，你仍有可能出於情感拒絕接觸特定創作者的作品，以表達遭受背叛的不滿。

不過遭受一名創作者背叛不代表我們就必須放棄他的作品，就像我們未必會因為被朋友背叛就斷絕一段長久的友誼。當然，遭遇背叛確實可能重塑一段關係的組成，但結束一段珍貴的關係應該是最後手段，而非首要選項。或許你還記得第三章提過貝雷特·艾默瑞克的觀點：即使我們所愛之人擁護壓迫性觀點，我們應該選擇站在他們身邊，而非直接拋下他們，並透過情感摩擦幫助他們改變信念，走向更好的方向。無論你是否認同這種透過情感摩擦改善對方信念的親友相處方式，可能都會認為這顯然不適用於跟創作者的關係，因為我們跟創作者的關係是單向的。我們可能愛著某些創作者，但他們不會以同樣方式愛我們。確實，一名創作者可能與粉絲群體建立某種重要關係，但那是針對群體而非個人。正如第二章開頭討論道，個人對創作者的抵制無法真正造成影響。同樣地，個體似乎也無法藉由情感摩擦來影響知名的創作者。

但你或許會認為，粉絲們可以像社會運動的參與者一樣**團結起來**，試圖影響喜愛創作者的行為。部落格「為哈莉特而戰」（For Harriet）的編輯金伯利・福斯特（Kimberly Foster）曾在一段影片中表達她對取消文化的擔憂，[1] 她指出面對他人犯下的道德錯誤，個人的回應方式與整體社會的回應方式之間存在差異。[11] 作為個人，我們可以對彼此多一些寬容，同時努力培養一種注重修復式正義而非懲罰的文化。結合她的觀點與艾默瑞克的反思，我們或許可以說，基於對創作者的愛而凝聚在一起的粉絲，能做的事之一就是透過締造情感摩擦，嘗試與創作者形成道德團結。這種做法或許有助於創作者意識到，自己某些言論或立場在粉絲心目中與他代表的價值相悖。舉例來說，《哈利波特》的粉絲網站「破釜酒吧」（The Leaky Cauldron）和「麻瓜網」（MuggleNet）都曾針對羅琳的性別認同評論發表反對聲明。他們可能是希望身為公開的粉絲群，能對羅琳產生一些影響（儘管目前為止仍未見成效）。[12] 當然，這不是指粉絲必須承擔道德責任，但他們可能因對創作者與作品的熱愛而自願投身於這類行動。我不會主張粉絲應該與性犯罪者形成道德團結，畢竟不當言論與犯罪行為之間有顯著區隔。然而如第三章所討論，取消文化的一大問題在於它無法辨別不同惡行的差異，而會將犯下暴力罪行的剝削者與發表偏頗言論的偏執者等同視之。也許面對這兩者，粉絲都會感到被背叛，但需要回應的方式大有不同。這不代表粉絲在思考如何回應背叛經驗時不該感到憤怒，但我們的憤怒是否適切，並不足以決定該採取什麼行動。

把焦點放在情感層面，也讓人有機會思考一些跟之前討論案例不同的藝術背叛形式。有時，我們感覺被創作者背叛，是因為他們在創作過程採取的某些行為。尤其當創作者**出賣原則**時，這種感受會特別強烈。[13]儘管這種指控針對的是創作者的創作方法，而非私人生活

1「為哈莉特而戰」（For Harriet）是一個專注於黑人女性的自媒體社群，探討種族、性別、文化與社會正義等議題。該平臺致力於挑戰刻板印象，放大黑人女性的聲音，並促進多元與批判性的視角。「為哈莉特而戰」名稱取自哈莉特．塔布曼（Harriet Tubman，一八二二年—一九一三年），這名十九世紀美國廢奴運動領袖曾解救數百名奴隸，象徵著對自由與正義的追求，其傳記曾被改編為電影《哈莉特：廢奴之戰》。

的道德層面，但「出賣原則」明顯帶有道德意涵，不只是一種針對美學的批判。在粉絲眼中，創作者本身就不該出賣靈魂。他們往往會鄙視犯這種錯的創作者，而不只是感到失望，並轉而尋找更啟發人心的新作品。

根據一些學者對出賣原則的看法，要理解其中的道德意涵並不容易。例如哲學家克勞蒂亞．米爾斯（Claudia Mills）在近期一篇論文中主張，如果創作者將「其他與美學價值互相競爭、令人分心且腐敗的價值放在作品之上，違背了自身的美學標準」，那就是缺乏藝術誠信，也就是出賣了自身原則。[14]米爾斯強調，在判斷創作者是否出賣原則時，應該以創作者給自己的標準作為判斷基準。她提出的典型例子，是一名創作者自認為受到美學以外的動機影響，例如追求名聲或財富，而刻意讓自己的作品變差。

然而，這種對藝術誠信的理解方式，讓人更難理解出賣原則的道德層面，以及其引發的背叛感。想想看，通常我們都是從第三人稱視角判斷一名創作者是否出賣原則（而非從第一人稱視角），有時更會從帶有指控意味的第二人稱視角。雖然創作者也可能自我反省，但通常出賣原則是一項針對他人的指控或批評。從這個角度來看，將出賣原則與創作者違背自身美學標準連結在一起就令人難以理解。當然，我們可能都聽過別人批評某人沒有達到自身標準，其實意思就是指別人虛偽。可是一名創作者為什麼只會因為跟自己的藝術原則妥協，就成為第三方道德批評的對象，這就令人感到困惑，更別說為什麼這構成一種背叛。我們必須仰賴某種人際層面的因素，才能理解這種第二人稱道德情感的來源與意義。

之所以因為創作者出賣自身原則而感到被背叛，與我們對他們的信任息息相關。對此，第一章曾提及的學者阮氏指出，我們信任的是創作者的**真誠**，也就是創作者承諾出於美學理由，而非其他隱藏動機做出的藝術選擇。[15]阮氏進一步解釋，對於創作者真誠承諾的信任，在藝術實踐中的人際層面扮演重要的角色。例如對於一些需要花費大量時間精力解讀的艱深藝術作品，我們的耐心來自相信創作者是真誠嘗試創作出遵循其美學願景的作品，而非懶惰或敷衍。因此，出賣靈魂引發的背叛感不只來自創作者對自身標準妥協，更因為他們的妥協辜負了觀眾的信賴。

創作者常常是觀眾在美學、道德與政治理想上的象徵，這些特質與觀眾對他們的愛緊密相連。考量到這點，人們對創作者誠意的信任會涉及更廣泛層面，且一部分可能跟阮氏提及的狹義美學願景產生衝圖。這可以用阮氏提出創作者對「美學堅定性」(aesthetic steadfastness)的承諾來理解。回想一下，戴德勒對伍迪．艾倫產生認同，是因為對方在銀幕上呈現出軟弱與笨拙的形象；而她會感覺被背叛，是因為伍迪．艾倫的個人行為打破這種認同，但我們也可以設想另一種情境作為輔助：假設伍迪．艾倫出於藝術真誠，拍攝出一部顛覆自身過往美學感性的電影，並在片中飾演一名堅定強勢、在關鍵時刻做出艱難決定拯救世界的領袖，那將會是另一種形式的背叛。我們可以想像伍迪．艾倫的粉絲在看完電影後離開戲院，說道：「這是什麼鬼？這根本稱不上是一部伍迪．艾倫的電影。」我們並非期待創作者不斷重覆生產相同作品（這確實是晚期的伍迪．艾倫被批評的一個問題），但當創作者發展出一套美學，以此為基礎讓粉絲建立強烈認同，粉絲會期望創作者在這個範式中持續創新，而非顛覆最初贏得他們喜愛的價值觀。當創作者違背粉絲一開始建立認同的理念時，粉絲會特別痛心，即便創作者實際上未必真心擁護、或已經拋棄最初對某些價值觀的承諾。這是一種更親密的背叛，甚至跟創作者是否與名利妥協無關，而是讓粉絲經歷一種「先上鉤後調包」的失落感。

無可否認，粉絲在建立這種認同感的過程，將相當多包袱加諸在創作者身上。無論創作者是否有義務維持藝術上的**可信度**與穩定性，這都跟真誠是兩回事。或許創作者唯一需要表現的忠誠，就是忠於自身的美學真誠，而粉絲出於信任將自我寄託在喜愛的創作者身上其實是一種自我欺騙。這是很可能的一種情況。如果說創作者確實沒有義務在美學上保持一致性，那粉絲對創作者背叛自己的埋怨，有可能只源自他們接受一個虛假的承諾。

我們可以將這點跟哲學家瑪莉．貝絲．威拉德對特定美學背叛的探討進行比較，威拉德以喜劇《天才老爹》為例，寫道：

> 當我們得知主演《天才老爹》的比爾．寇斯比的罪行時，我們深感背叛。我認為這種背叛主要在美學層面：我們無法再對他的喜劇發笑。我們對他的道德敗壞感到憤怒，但會感到背叛是因為他的喜劇奠基在他對真實的洞察力。一個真正相信女性與自己平等的人，不可能做出他那種行為。[16]

威拉德這段分析可說是一針見血，也突顯另一種與上述討論相異的背叛類型。根據威拉德描述，《天才老爹》之所以有趣，是因為該齣劇與比爾．寇斯比的連結，但這項前提卻遭到背叛。如同威拉德所說：「如果試圖將喜劇與喜劇演員分離，我們會發現那些笑話所剩無幾。」觀眾的歡笑元素受到剝奪。對於像比爾．寇斯比、伍迪．艾倫、路易C．K．這種身份與作品密不可分的演員來說，觀眾對演員的期待是作品得以運作的前提，而這些期待受到演員私人生活影響。這或許是作家羅珊．蓋伊認為比爾．寇斯比的行為讓他的作品變得「毫無意義」的原因。[17]這種背叛形式與創作者敗德行為被揭露後伴隨的情感背叛不同，儘管兩者互相交織。威拉德所說的美學背叛，即使只是一般欣賞《天才老爹》的觀眾也可能感受到；但那些熱愛比爾．寇斯比並對這齣劇有深刻認同的粉絲失去更多，面臨另一層面的背叛。

這呼應了我們先前討論的問題：創作者的行為是否會改變粉絲對其作品的喜愛與賦予的意義？這種意義可能同時體現在個人與社群層面。個人與社群都可能認同特定創作者與作品，例如《天才老爹》對許多黑人觀眾而言意義深遠，對此蓋伊也表示肯定，寫道：「身為一名中產階級的黑人女性，看見自己的生活被呈現在螢幕上讓我感覺被肯定。這種再現既難得又重要，而且極具意義。」影評人韋斯利．莫里斯則表示：「至少在那半小時裡，《天才老爹》隔絕了外界的壞消息，同時又真實描繪活著的璀璨與煩惱。那齣劇成為我們需要的一片綠洲。」[18]如果蓋伊指出比爾．寇斯比行為讓他的喜劇變得「毫無意義」的論點，與威拉德提出的美學背叛觀念相近，那我們不難理解她的想法。她對天才老爹寇斯比「曾創造出偉大藝術，卻又親手摧毀它」的描述似乎正是她的核心主張，這與持續接觸作品將有失道德的觀點不同，更像第一章中探討到的全面性主張，認為一部作品因為創作者的道德瑕疵，而不再具備任何值得欣賞的偉大之處。不過蓋伊在評價寇斯比的行為時，似乎也輕易切割了《天才老爹》帶給她的個人意義，這種情況並不普遍。許多藝術消費者面對創作者的道德瑕疵常陷入情感衝突，這種衝突一部分就是源自作品對個人的意義。[19]作品帶給人的意義可能跟某些聯想緊密相連，而這些聯想會因為創作者的敗德行為變得複雜，可是不至於完全喪失意義。對我而言《天才老爹》正是如此。

我爸爸是比爾．寇斯比的忠實影迷。我在還沒親眼看過寇斯比表演前，就已經倒背如流他那段「巧克力蛋糕」的表演內容。[2]上大學時，我也對寇斯比一段名為〈為什麼會有空氣？〉（*Why Is There Air?*）的喜劇段子非常熟悉，因為它與哲學有關聯。[3]在這段表演中，寇斯比提起他常看到哲學系學生在校園裡閒晃，問一些抽象難解的問題，例如：「為什麼會有空氣？」而主修體育的寇斯比當然知道答案：空氣是用來幫籃球和足球充氣的！

當我開始研讀哲學後，我爸爸每隔一陣子就會提起這個段子，然後笑得東倒西歪。那是一個非常貼切的段子，我爸爸總是表示哲學令他感到困惑，但他仍無條件支持我將哲學當成畢生志業。我開始讀研究所時，他寄了一幅裱框的《為什麼有空氣？》專輯封面給我，後面還寫了一張鼓勵我的便條（我爸爸向來喜歡寄一些寫了筆記的剪報給我）。多年來，我都將那張專輯封面放在書桌上。

現在我不再這麼做了。自從比爾．寇斯比長期受到指控的性侵罪行成為眾所皆知的事後，我將那張專輯封面束之高閣。我之所以沒有丟掉它，唯一原因是上面有我爸寫給我的話。我的爸爸在二〇一二年去世，當時我沒辦法丟掉任何他寫給我的東西，即使到現在我也不確定自己能否做到。但說實話，即使已經讀過無數次，我還是記不得那張專輯封面背後寫了些什麼。過去，每當我對自己的工作或將哲學教授當作志業的選擇感到懷疑時，只要伸手將相框翻過來，就能讀到那些溫暖的話語。如今話語卻消失了。我不知道自己把那張專輯封面放在哪裡，雖然曾試著找過。比爾・寇斯比的行為毀了他作品在我心中的意義，但並非從此變得毫無意義。

面對這些情境，無論我們是在思索作品的藝術價值、對群體產生的意義，或在個人生命中扮演的特殊角色，都不得不面對內心四分五裂的不安。我們該如何緩解這種糾結的情感？是否能像蓋伊主張的完全放棄藝術與創作者？我們確實能試著把兩者分開，假裝他們並非一體兩面。這正是影評人莫里斯提及：「希望執行不可能的道德手術，透過切除創作者來

2　比爾・寇斯比在一九八三年釋出的單口喜劇專輯 *Bill Cosby: Himself* 中，分享他被妻子要求做早餐給孩子吃，於是給孩子吃現成巧克力蛋糕的故事。

3　《為什麼會有空氣？》是比爾・寇斯比在一九六五年發行的一張現場喜劇專輯，在推出後廣受好評，並於一九六六年獲得葛萊美獎。

拯救作品。」[20]然而，如同莫里斯以「不可能」一詞作為暗示，實際上，這種非黑即白、承諾在某處劃清界線（無論在哪裡！）以提供慰藉的方法很難持續。

哲學家羅伯特・梅里休・亞當斯（Robert Merrihew Adams）曾探討過與這個問題類似的情境，是關於我們和所愛之人的生命對歷史悲劇的依賴。假設沒有發生一些恐怖事件，例如第一次世界大戰，我們可能根本不會出生。那我們應該對此採取什麼態度才是正確的？亞當斯認為，我們應該避免在這種情境中做出整體性判斷，而是將對事物中美好與糟糕層面的感受分開。這讓人聯想到莫里斯所說「不可能的道德手術」。與其嘗試找到能解決內心衝突的方式，例如弭平對寇斯比與《天才老爹》之間的矛盾情感，我們或許應該努力保持不同情感間的距離，分別表達譴責與珍視。

然而最終，亞當斯否定了這種策略。他指出這種方法的代價是「阻止我們將不同態度整合……並讓我們的愛被一團不相容的情感雲霧包圍，這些情感與我們的愛在實質上不一致，只是透過某種情感隔離政策保持距離。」[21]情感分裂無法真正緩解矛盾；反而，將正面與負面經驗分離，只會讓人在面對自身珍視的敗德創作者作品時抱持相互矛盾的心態。這就像你有兩個相處不來的孩子，而你決定讓他們一輩子都不要共處一室。這顯然不是一個可行的方案。

從這個角度來看，我們最初提出「能否將創作者與作品分開？」的問題似乎一開始就註定無解。或許我們根本不該試圖將兩者分開，而是該找到一條前進的道路，認真對待創作者與作品之間的親密關係，以免陷入不可能的分割陷阱，同時追求一種雖然令人不安卻又同時穩定的情感平衡。

有時候哲學是一種看待事物的方法或觀點，而非一場論證。你可以把哲學想像成不同觀察視角，讓你找到最佳立足點，或一組能讓你看清原本難以察覺的世界的鏡頭。斯多葛派哲學家愛比克泰德（Epictetus）有一句箴言就傳達此種見解。那句話一直讓我印象深刻，因為它既古怪又具有啟發性。愛比克泰德寫道：「任何事物都有兩種把手，一種可以提起它，另一種無法提起它。如果你的兄弟做了不義的事，不要執著於從不公義的一端抓起他，那樣提不起來。你該做的是從另一端提起，從他是你的兄弟、與你有共同成長情誼的角度。如是你才能抓住屬於兄弟的把手，成功提起它。」[22]

這個奇特的隱喻蘊含許多值得探討的內容。[23]那名行事不義的兄弟就像一種情感衝突的案例，反映我們在對家人的愛與對敗德行為的鄙視間掙扎。其中，愛比克泰德提到必須將隱含衝突性的事物提起攜帶的概念，說明人們必須認清所處狀況並繼續前行。但我們不能以隨意方式攜帶。如果將重心放在不義之事上，或以之為行動把柄，那將無法解決問題。對此，愛比克泰德沒有特別說明理由，但從本書討論例子來看，答案呼之欲出。假設我們以寇斯比的惡行作為焦點來理解《天才老爹》，那結果會跟蓋伊和威拉德分析的一樣，都是死路一條，因為寇斯比的行為已經毀掉這齣戲。但還有另一種方法能讓我們帶著這個事實前進。在提出兄弟做出不義行為的案例中，愛比克泰德特別強調我們與兄弟的情感連結及兩人共處的歷史，主張那是回應對方不良行為的路徑。值得注意的是，他並非要求人將不公義拋諸腦後，畢竟情感連結與糟糕行為是同一事物的把手。關鍵是如何回應不公義。透過強調與作品的情感聯繫與個人意義，我們為自己提供能承擔創作者不道德行為的把手。這種必須負重前行的觀念深具啟發性，它強調創作者的道德瑕疵是一種**負擔**，一種如果想維持與其連結而必須承受的事物。當然，我們也能選擇丟棄所有麻煩，無論是作品或創作者。但就像我在第三章末尾所強調，這種放棄或抹除的心態並不是真正認真對待不公義之事的方法。正因為熱愛那些創作者，他們的敗德行為才顯得如此重要。若只是把把它拋到一邊，那感覺就像在逃避責任。相較之下，若能找到一種同時跟作品互動又面對創作者人品缺陷的方法，進而突出兩者聯繫，而非試圖忽視、切割或放棄兩者，我們才有辦法掌握把手。或許更好的方法是稍微延伸愛比克泰德的觀點，應該像抓住傳說中公牛兩雙角一樣不放過兩個把手。

因此，要整合內心衝突，首先要先讓它們彼此互動，而非試圖強行劃分不同情感。在第一章中，我們著重於討論對作品跟創作者的評價如何有效互動；而情感則引發不同思索，尤其當我們深愛一名創作者與他的作品時。究竟成功整合對創作者的愛與對他們惡行的憤怒意味著什麼？如果能專注於對藝術本身的喜愛，同時持續關注創作者的道德缺陷，我們又能從中獲得什麼？

從亞里斯多德以來，哲學家就一直在討論某些藝術作品中看似矛盾的情感衝突，例如悲劇和恐怖作品。為什麼我們能**享受**藝術中的悲傷與恐懼？為什麼人們會刻意追求這些平時避之唯恐不及的情感？無論哲學家提出的解決方案是否足以解釋恐怖與悲劇的悖論，他們確實提供一些有助於思考的框架，處理不道德創作者作品所引發的情感衝突。

舉例來說，根據恐怖悖論的一種觀點，人們在觀看恐怖作品時會體驗到兩種互相競爭的情感，例如刺激感與恐懼。雖然恐懼令人不適，但那只是觀眾為了獲得刺激付出的代價。[24]而批評這種理論的人則會表示，恐懼本身也能帶來愉悅。然而，若將這種說法套用在敗德創作者的議題上，恐怕不那麼具有說服力。也就是說，當我們欣賞敗德創作者的作品時，可能會產生兩種互相矛盾的情感，一方面享受作品，一方面又對創作者感到憤怒，但這種憤怒似乎不會為人帶來任何愉悅。因此對於這種情況，我們或許能準確地說，觀眾對創作者的憤怒或厭惡最終將是持續享受作品付出的代價；而如果對作品有足夠的愛，那觀眾或許就會願意做出這種犧牲。（但請注意：這種論點跟「創作者的惡行值得用來換取他們藝術作品的存在」的說法完全不同，例如羅曼．波蘭斯基的電影值得他的性侵行為。這裡談的是人們的情感，而非創作者的行為本身。）必須澄清的是，整合內心矛盾情感的方法可能不會讓我們感到完全舒坦。例如認知到自己對創作者的厭惡，最終敵不過對其作品的享受，可能會讓你感到內疚。但那也只是需要納入我們自身情感衡量中的其中一種負面情緒，並作為一種用來調和精湛藝術與敗德創作者的方法。有時，我們也會體驗到不完全和諧的整合情感。比方說移居到新地常會令人苦樂參半，你可能同時因為離開朋友與開啟新生活而悲傷與興奮。苦樂參半之所以作為一種整合情感，就是因為其中蘊含的兩種衝突情感會彼此作用，而非透過壓抑其中一種情緒將兩者強制分隔。

根據另一種對恐怖與悲劇作品矛盾性的思考，我們的情感不只會單純互相消長，更會主動交互影響並強化彼此力量。例如在觀賞《羅密歐與茱麗葉》時，我們獲得的愉悅不僅沒有超越悲劇引發的悲傷，反而受到這種悲傷形塑與深化。哲學家瑪西亞．伊頓（Marcia Eaton）稱之為一種「奇異的感傷」，[25]這似乎與作家泰勒．馬龍描述的體驗吻合。馬龍表示：「擁抱創作者缺陷與怪癖引發的刺痛感，往往會讓作品更添奇異與複雜。」[26]或許有些時候，我們對創作者的負面情緒確實會加深對他們作品的回應。以高更為例，如果你本身就對高更畫作中物化女性的凝視感到猶豫，那更深入瞭解高更的生平。可能會強化你觀看他作品時的悲憫情感，進而提升你的美學體驗，即使這不是一種愉悅的體驗。需要再次強調的是，這不代表創作者的敗德行為能被合理化，彷彿他們的惡行能因為一些美學回報而受到平反。恰好相反，上述案例正反映觀眾對糟糕行為的情緒反應，將影響觀賞作品時的體驗。

以上兩種觀點，都提供整合人們對不道德創作者作品情感的模型。但無論最終如何平衡這些情感大雜燴，藝術都是校準我們對作品評價不可或缺的工具。我們可以從亞里斯多德對悲劇悖論的論述找到典型的例子。對亞里斯多德來說，悲劇提供一種情感「淨化」（catharsis）的機會，這個概念有多種詮釋方法。其中一種觀點認為，情感淨化的目的是**抹去**（expunging）、宣洩個人情緒，例如看恐怖電影時釋放內心壓抑許久的恐懼；另一種看法則主張淨化的目的是**釐清**（clarifying）情緒。閱讀一部悲劇讓人有機會深入探索自身悲傷情感的根源與本質。

從抹去、宣洩的詮釋方法來看，淨化似乎不是分析人們跟敗德創作者作品互動情感的恰當方式。人們不會因為觀看伍迪．艾倫的電影，而成功釋放對導演的負面情緒；相反地，許多消費者接觸具有道德爭議創作者的作品，往往會被激起負面情緒，以致於部分觀眾乾脆完全避開特定作品。然而，如果從釐清的詮釋方法來看，淨化的概念有助於我們理解對敗德創作者作品的糾結情感。因為在情感上，這些人的行為不只會被視為普通人的過錯。如同前段討論憤怒與背叛時提到，我們以一種獨特方式感受喜愛的創作者的不當行為。尤其是當透過作品來認識創作者時，他們犯下的錯誤會被視為「藝術創作者的錯誤」，帶給人的感受與得知其他公眾人物（例如哈維・溫斯坦）的惡行相當不同。因此，這些作品能成為理解這種特殊情感的啟發性窗口。它們能發揮淨化的功能，幫助人們釐清喜愛的藝術家同時是**混帳**所伴隨的矛盾複雜情感。

哲學家阿米亞・斯里尼瓦桑在她的著作《憤怒的適切性》（*The Aptness of Anger*）中主張，憤怒是一種情感上認知到不公正行為的表達方式。[27]如果一個人不會對駭人聽聞的悖德行為感到憤怒，那可能代表他沒有充分意識到該行為的惡劣，即便知道行為本身是錯誤的。斯里尼瓦桑將這種對不公事物的情感認知與美學欣賞相比，指出美學欣賞不僅是認知道某物很美，更重要的是能**體會**到其中的美好之處。

如果一個人始終無法欣賞美的事物，那即便他聲稱特定事物是美好的，我們依然會擔心他是否缺乏某種感受力。這項觀察在討論不道德創作者時特別具有意義，因為他們的錯誤行為與我們的美學偏好與體驗密切相連。這些案例特別令人困惑的地方，不在於如此惡劣行為是由某位無名人士所做，而是加害者可能是我們深愛的創作者。要完整認知到創作者的道德瑕疵是屬於「一名創作者」的過錯，我們不應該無視他們的作品，而是得透過作品才能更確實認知到這點。正因如此，持續接觸作品，尤其是深愛而具有道德爭議的創作者作品能達到淨化效果，讓人釐清對敗德行為的情感反應。

正如你所知，我對伍迪．艾倫的《愛與死》有很深厚的情感。二〇〇七年我從大學畢業，剛好是臉書的第一波用戶。不久前人們還會將臉書稱為The Facebook，諷刺的是現在會這樣稱呼的人都是老人。建立臉書個人檔案的重頭戲之一就是列出自己喜好的事物，我當然把《愛與死》列為最喜歡的電影。為什麼會選這部片？我認為這部電影蘊含的書卷氣、滑稽、哲學性與怪異氣質，某種程度上與我的特質相似，代表了我的品味。我不會說自己像戴德勒一樣對伍迪．艾倫本人產生共鳴，但我確實與他的作品產生連結。然而，喜愛一名不道德創作者的作品不僅會帶來背叛感，這種情緒還催化了我對伍迪．艾倫的複雜感觸。他是創作我深愛作品的人，但他的個人行為卻令我厭惡。

在《愛與死》的電影結尾（以下有雷），伍迪．艾倫飾演的角色被處決後，他發表了一段獨白。當電影畫面進入片尾字幕前，伍迪．艾倫在手持鐮刀的死神陪伴下，穿越俄羅斯的風景，在鏡頭中翩翩起舞。他在獨白中說道：「重要的是，我認為不要心懷怨懟。你知道，如果真的有上帝存在，我不認為祂是邪惡的。我覺得你能對祂做出的最差批評，基本上就是祂不夠努力。」我能理解像伍迪．艾倫這樣的人為什麼會寫出這段臺詞，這種對道德與責任冷漠的態度依然讓臺詞顯得有趣，甚至令人感到貼切。要先澄清的是，我不認為把伍迪．艾倫的作品和他二十年後被指控的事相提並論有多大意義。重點在於，當我觀看這部電影並反思為什麼喜愛它時，心中存在對電影跟伍迪．艾倫的矛盾張力終於得到平衡。即便是對這部由伍迪．艾倫自編、自導、自演，充滿他個人風格的作品，我依然能同時保有對電影的欣賞與對他本人的鄙視。一般來說，我們很容易將創作者和作品混為一談，讓矛盾的情感變得一團混亂。但當真正投入作品時，我發現各種紛亂的情感變得清晰，即使片中無處不是導演的影子。重點不在於將作品跟創作者分開，而是在觀賞電影過程，我同時發覺作品不等同於藝術家。我期待看到自己最喜歡的場景，那果真很有趣，即便清楚意識它們出自伍迪．艾倫之手。我發現我仍很喜愛這部電影。

這不代表我還想將《愛與死》列為我最愛的電影。我不希望伍迪・艾倫再代表自己的認同，正如第二章探討過，那樣會產生我無法認同的公開意義。我已經十年沒看伍迪・艾倫任何新作了，也不打算再看。然而，我理解到與其摒棄深愛的藝術作品，轉過身來面對它反而讓我的情感被淨化與澄清。經過這段過程後，我的愛與厭惡依然存在，但也變得更加平衡、清晰與集中。

這個例子只是我面對一部心愛作品與其敗德創作者的個人經歷分享。當你回顧一件珍惜的藝術作品時，能從自身再也無法產生好感的反應中澄清內心的矛盾情感。或許你會清楚認知到自己同時懷抱對創作者的厭惡，以及對曾經帶來啟發如今卻令人反感的作品的懷舊之情。這裡探討的情感淨化並不預設特定結論，只是要處理這種複雜情感並不輕鬆直觀，除非你實際付出行動去面對。事實上，那是一種自我探索的過程，這應該不令人意外，因為無論是藝術或人的情感，向來都不是以透明易懂著稱。

那麼，我們該如何看待這一切？無可否認，本書討論的眾多議題都很艱難，但我不希望它們變得晦澀難懂，正如我父親常提醒：「渾水看起來比實際更深。」我希望你能看穿渾水，清楚知道自己站在什麼位置。

創作者的生平經歷，包含他的道德瑕疵在內，可能會影響人們詮釋其作品的方法，而他們的惡行與偏見也可能讓他們作品的美學品質變糟。儘管我們沒有道德義務將敗德創作者的作品從生活中剔除，但在公眾場域熱烈擁護這些作品將可能引發特定解讀，讓你陷入水深火熱的道德困境。推動藝術界道德變革的最佳方法，應該是透過制度改革，而非單純取消或封殺特定創作者。當深愛的創作者做出或說出可怕的事時，會感受到像是被背叛這種親密情感是合理的，那促使人們尋求方法整合或化解內心的矛盾情感。

如果要說本書的主題是什麼，那就是一**切**都至關重要，無論是藝術、創作者或創作者的行為，以及三者間的關係。有人會希望只專注於創作者的不道德行為，忽略他們的作品；也有人認為藝術重要性凌駕一切，創作者的行為無法影響到作品。這兩種觀點都是錯誤的。說到底，究竟能否將創作者與作品分開的問題並不重要，因為我們不應該這麼做。打從一開始，人們之所以在意敗德創作者的作為，而不是把他們當成違反倫理的普通人，就是因為他們是藝術家。說一句顯而易見的話，他們之所以是藝術家，正因為他們是創作藝術作品的人。

藝術始終都是決定如何看待不道德創作者不可或缺的元素。如果我們將藝術排除在外，那不僅會忘記本書探討的問題核心，更會忽略藝術蘊含的獨特價值。人之所以重視藝術，正是因為藝術提供許多理解自己在世界上身處定位的方式，讓人們透過此種方法解讀自身情感、澄清人格特質、理解何謂美與崇高、邪惡與荒誕。藝術就處於我們與不道德創作者相互拉扯的中心，提供我們抓住問題的把手。倘若不抓著這個把手，那我們就太傻了。

Tsioulcas, Anastasia. 2020. "Publisher Drops Woody Allen's Book after Ronan Farrow Objects, Employees Walk Out." NPR. March 6.
https://www.npr.org/2020/03/06/812687472/after-woody-allens-memoir-was-signed-book-publisher-s-employees-walk-out.

Vance, Chad. 2017. "Climate Change, Individual Emissions, and Foreseeing Harm." *Journal of Moral Philosophy* 14: 562–584.

Various. 2020. "A Letter on Justice and Open Debate." *Harper's Magazine*. July 7. https://harpers.org/a-letter-on-justice-and-open-debate/.

Willard, Mary Beth. 2020. "Cosby, Comedy, and Aesthetic Betrayal." *Philosophers Magazine* 88 (1): 36–41.

Williams, Timothy, and Karen Zraick. 2019. "Samuel Little Is Most Prolific Serial Killer in U.S. History, F.B.I. Says." *New York Times*. October 7.
https://www.nytimes.com/2019/10/07/us/serial-killer-samuel-little.html.

Wills, Bernard, and Jason Holt. 2017. "Art by Jerks." *Contemporary Aesthetics* 15 (1).

Wittgenstein, Ludwig. 1953. *Philosophical Investigations*. Oxford: Blackwell.

Wollheim, Richard. 1980. "Criticism as Retrieval." In *Art and Its Objects*.
Cambridge: Cambridge University Press, 185–205.

Yar, Sanam, and Jonah Engel Bromwich. 2019. "Tales from the Teenage Cancel Culture." *New York Times*. November 2.
https://www.nytimes.com/2019/10/31/style/cancel-culture.html.

Zellner, Xander. "'Surviving R. Kelly' Doc Finale Spurred 116% Gain in R. Kelly Music Streams." *Billboard*. January 10.
https://www.billboard.com/articles/columns/chart-beat/8492984/r-kelly-docuseries-caused-gain-music.

Zraick, Karen. 2019. "F.B.I. Hopes Samuel Little's Drawings Will Help Identify His Murder Victims." *New York Times*. February 13.
https://www.nytimes.com/2019/02/13/us/samuel-little-serial-killer.html.

Artworks." *Australasian Journal of Philosophy* 97 (3): 465–482.

Stear, Nils-Hennes. 2020. "Fatal Prescription." *British Journal of Aesthetics* 60 (2): 151–163.

Stephens, Bret. 2019. "The Scandal of a Nobel Laureate." *New York Times.* October 17. https://www.nytimes.com/2019/10/17/opinion/peter-handke-nobel- prize.html.

Stephens, Bret. 2020. "Reading Orwell for the Fourth of July." *New York Times.*
July 3. https://www.nytimes.com/2020/07/03/opinion/orwell-fourth-of-july.html.

Stoner, Ian. 2020. "Barbarous Spectacle and General Massacre: A Defence of Gory Fictions." *Journal of Applied Philosophy* 37 (4): 511–527.

Strawson. P. F. 1974. *Freedom and Resentment and Other Essays.* New York: Routledge.

Strohl, Matt, and Mary Beth Willard. 2017. "Aesthetics, Morality, and a Well-Lived Life." *Daily Nous.* November 21. https://dailynous.com/2017/11/21/philosophers- art-morally-troubling-artists/.

Strohl, Matt, and Mary Beth Willard. 2018. "Can We Separate the Art from the Artist?" *Aesthetics for Birds.* December 6.
https://aestheticsforbirds.com/2018/12/06/can-we-separate-the-art-from-the-artist/#strohlwillard.

Táíwò, Olúfẹ́mi O. 2020. "Identity Politics and Elite Capture." *Boston Review.* May
7. http://bostonreview.net/race/olufemi-o-taiwo-identity-politics-and-elite-capture. Testa, Jessica. 2020. "The Nude Pictures That Won't Go Away." *New York Times.* November 12. https://www.nytimes.com/2020/11/12/style/jonathan-leder-
photographer-emily-ratajkowski-modeling.html.

Tosi, Justin, and Brandon Warmke. 2016. "Moral Grandstanding." *Philosophy and Public Affairs* 44 (3): 197–217.

Romano, Aja. 2018. "The Sexual Assault Allegations against Kevin Spacey Span Decades. Here's What We Know." *Vox*. December 24. https://www.vox.com/culture/2017/11/3/16602628/kevin-spacey-sexual-assault-allegations-house-of-cards.

Romano, Aja. 2019. "Why We Can't Stop Fighting about Cancel Culture." *Vox*. December 30. https://www.vox.com/culture/2019/12/30/20879720/what-is- cancel-culture-explained-history-debate.

Ross, Loretta. 2019. "I'm a Black Feminist. I Think Call-Out Culture Is Toxic." *New York Times*. August 17.

https://www.nytimes.com/2019/08/17/opinion/sunday/cancel-culture-call- out.html.

Simon, Scott. 2019. "Paintings by Adolf Hitler Are 'Unremarkable,' So Why Forge Them?" *NPR*. February 9. https://www.npr.org/2019/02/09/692855767/opinion- paintings-by-adolf-hitler-are-unremarkable-so-why-forge-them.

Senior, Jennifer. 2019. "Teen Fiction and the Perils of Cancel Culture." *New York Times*. March 8. https://www.nytimes.com/2019/03/08/opinion/teen-fiction-and- the-perils-of-cancel-culture.html.

Simpson, Robert Mark and Amia Srinivasan. 2018. "No Platforming." *Academic Freedom*, edited by Jennifer Lackey. Oxford: Oxford University Press, 186–209.

Smith, Alan. 2021. "Rep. Jim Jordan Laments New House Rules, 'Cancel Culture.'" NBCNews.com. January 14.

https://www.nbcnews.com/politics/congress/live-blog/2021-01-13-trump-impeachment-25th-amendment-n1253971/ncrd1254027#blogHeader.

Srinivasan, Amia. 2018. "The Aptness of Anger." *Journal of Political Philosophy* 26 (2): 123–144.

Stear, Nils-Hennes. 2019. "Meriting a Response: The Paradox of Seductive

January
28. https://www.nytimes.com/2018/01/28/arts/design/chuck-close-exhibit-harassment-accusations.html.

Powers, Ann. 2019. "Before and After: What's It Like Listening to Michael Jackson Now." NPR. May 11. https://www.npr.org/2019/05/11/722198385/before-and- after-listening-to-michael-jackson-and-accusers.

Radcliffe, Daniel. 2020. "Daniel Radcliffe Responds to J. K. Rowling's Tweets on Gender Identity." *Trevor Project.* June 8.
https://www.thetrevorproject.org/2020/06/08/daniel-radcliffe-responds-to-j-k-rowlings-tweets-on-gender-identity/.

Ratajowski, Emily. 2020. "Buying Myself Back. When Does a Model Own Her Own Image?" *The Cut*. September 15. https://www.thecut.com/article/emily- ratajkowski-owning-my-image-essay.html.

Rea, Naomi. 2019. "Artist Kehinde Wiley's Latest Paintings Are a Progressive Riposte to Paul Gauguin's Primitivist Portraits of Tahitians." *Artnet News.* May
15. https://news.artnet.com/art-world/kehinde-wiley-tahiti-gauguin-1546054.

Ridge, Michael. 2003. "Giving the Dead Their Due." *Ethics* 114 (1): 38–59.

Riggle, Nick. 2015. "On the Aesthetic Ideal." *British Journal of Aesthetics* 55 (4): 433–447.

Rini, Regina. 2018. "How to Take Offense: Responding to Microaggression."
Journal of the American Philosophical Association: 332–351.

Rini, Regina. 2020. "The Internet Is an Angry and Capricious God." *Times Literary Supplement*. Accessed July 18. https://www.the-tls.co.uk/articles/the-internet-is- an-angry-and-capricious-god/.

Rodney, Seph. 2017. "George W. Bush's Paintings Cannot Redeem Him." *Hyperallergic*. March 28. https://hyperallergic.com/368002/george-w-bushs- paintings-cannot-redeem-him/.

Mills, Claudia. 2018. "Artistic Integrity." *Journal of Aesthetics and Art Criticism* 76
(1): 9–20.

Monteiro, Lyra D. 2017. "How to Love Problematic Pop Culture." *Medium.* August
27. https://medium.com/@intersectionist/how-to-love-problematic-pop-culture- 4f9ab9161836.

Morris, Wesley. 2017. "How to Think about Bill Cosby and 'The Cosby Show.'" *New York Times.* June 18. https://www.nytimes.com/2017/06/18/arts/television/how- to-think-about-bill-cosby-and-the-cosby-show.html.

Morris, Wesley. 2019. "Michael Jackson Cast a Spell. 'Leaving Neverland' Breaks It." *New York Times.* February 28.
https://www.nytimes.com/2019/02/28/arts/television/michael-jackson-leaving-neverland.html.

Nayeri, Farah. 2019. "Is It Time Gauguin Got Canceled?" *New York Times.*
November 18. https://www.nytimes.com/2019/11/18/arts/design/gauguin-national-gallery-london.html.

Nguyen, C. Thi. Forthcoming. "Trust and Sincerity in Art." *Ergo.*

Nguyen, C. Thi, and Bekka Williams. 2020. "Moral Outrage Porn." *Journal of Ethics and Social Philosophy.* 18(2): 147-172.

Nochlin, Linda. 1971. "Why Have There Been No Great Women Artists?"
ARTnews. January.

Nussbaum, Emily. 2019. *I Like to Watch: Arguing My Way through the TV Revolution.* Random House.

Nwanevu, Osita. 2019. "The 'Cancel Culture' Con." *New Republic.* September 23. https://newrepublic.com/article/155141/cancel-culture-con-dave-chappelle- shane-gillis.

Pogrebin, Robin, and Jennifer Schuessler. 2018. "Chuck Close Is Accused of Harassment. Should His Artwork Carry an Asterisk?" *New York Times.*

https://blog.leeandlow.com/2020/01/28/2019diversitybaseline survey/.

Lewis, Helen. 2020. "How Capitalism Drives Cancel Culture." *The Atlantic*. July 14. https://www.theatlantic.com/international/archive/2020/07/cancel-culture-and- problem-woke-capitalism/614086/.

Mack, David. 2019. "Louis C.K. Reportedly Joked 'I Like to Jerk Off and I Don't Like Being Alone." *Buzzfeed*. January, 18, 2019.

https://www.buzzfeednews.com/article/davidmack/louis-ck-jerk-off-parkland Malik, Nesrine. 2020. "For a Few Weeks, Black Lives Mattered. Now What?" *The*

Guardian. June 21.

https://www.theguardian.com/commentisfree/2020/jun/21/black-lives-mattered- revolt-cultural-debate-hostile-establishment.

Malone, Tyler. 2019. "On John Wayne, Cancel Culture, and Art of Problematic Artists." *Literary Hub*. June 21. https://lithub.com/on-john-wayne-cancel-culture- and-the-art-of-problematic-artists/.

Martin, Adrienne M. 2016. "Factory Farming and Consumer Complicity." In *Philosophy Comes to Dinner*, edited by Andrew Chignell, Terence Cuneo, and Matthew C. Halteman. New York: Routledge, 203–214.

Matthes, Erich Hatala. 2016. "Cultural Appropriation without Cultural Essentialism?" *Social Theory and Practice* 42 (2): 343–366.

Matthes, Erich Hatala. 2018a. "Who Owns Up to the Past? Heritage and Historical Injustice." *Journal of the American Philosophical Association* 4 (1): 87–104.

Matthes, Erich Hatala. 2018b. "Can Today's Artists Still Sell Out?" *Aesthetics for Birds*. September 13. https://aestheticsforbirds.com/2018/09/13/artworld- roundtable-can-todays-artists-still-sell-out/#matthes.

Matthes, Erich Hatala. 2019. "Cultural Appropriation and Oppression."

Philosophical Studies 176 (4): 1003–1013.

McGrath, Charles. 2012. "Good Art, Bad People." *New York Times*. June 21.

Atlantic.

January 31. https://www.theatlantic.com/entertainment/archive/2016/01/the-state-of-public-funding-for-the-arts-in-america/424056/.

Hussain, Waheed. 2012. "Is Ethical Consumerism an Impermissible Form of Vigilantism?" *Philosophy & Public Affairs* 40 (2): 111–143.

Jacobson, Daniel. 1997. "In Praise of Immoral Art." *Philosophical Topics* 25 (1): 155–199.

Jawort, Adrian L. 2019. "The Dangers of the Appropriation Critique." *Los Angeles Review of Books*. October 5. https://lareviewofbooks.org/article/the-dangers-of- the-appropriation-critique/.

Jonze, Tim. 2019. "Bigmouth Strikes Again and Again: Why Morrissey Fans Feel So Betrayed." *The Guardian*. May 30.

https://www.theguardian.com/music/2019/may/30/bigmouth-strikes-again-morrissey-songs-loneliness-shyness-misfits-far-right-party-tonight-show-jimmy- fallon.

Kendall, Mikki. 2016. "Why Are the Oscar Nominees So White? Because the Academy Doesn't Want to Change." *Washington Post*. January 15.

https://www.washingtonpost.com/posteverything/wp/2016/01/15/why-are-the-oscar-nominees-so-white-because-the-academy-doesnt-want-to-change/.

Kieran, Matthew. 2006. "Art, Morality and Ethics: On the (Im)Moral Character of Art Works and Inter-Relations to Artistic Value." *Philosophy Compass* 1–2: 129–143. Koblin, John. 2018. "After Racist Tweet, Roseanne Barr's Show Is Canceled by ABC." *New York Times*. May 29, 2018.

https://www.nytimes.com/2018/05/29/business/media/roseanne-barr-offensive-tweets.html.

Korsgaard, Christine. 1996. *The Sources of Normativity*. New York: Cambridge University Press.

Lee and Low Books. 2020. "Where Is the Diversity in Publishing? The 2019 Diversity Baseline Survey Results." *The Open Book Blog*. January 28.

https://www.vox.com/culture/2018/10/11/17933686/me-too-separating-artist-art- johnny-depp-woody-allen-michael-jackson-louis-ck.

Grady, Constance. 2020. "Black Authors Are on All the Bestseller Lists Right Now. But Publishing Doesn't Pay Them Enough." *Vox*. June 17.

https://www.vox.com/culture/2020/6/17/21285316/publishing-paid-me-diversity- black-authors-systemic-bias.

Graham-Dixon, Andrew. 2010. *Caravaggio: A Life Sacred and Profane*. Penguin: London.

Gross, Terry, and Emily Nussbaum. 2019. "We All Watch in Our Own Way: A Critic Tracks the 'TV Revolution.'" NPR. July 15.

https://www.npr.org/2019/07/15/741146427/we-all-watch-in-our-own-way-a-critic- tracks-the-tv-revolution.

Harold, James. 2020 *Dangerous Art*. Oxford University Press.

Hegarty, Siobhan. 2019. "Like Michael Jackson and R. Kelly's Songs but Not Them? Ethical Approaches for How to Deal with It." ABC. March 20.

https://www.abc.net.au/life/ethics-for-dealing-with-artists-like-michael-jackson-r- kelly/10921262.

Heti, David. 2018. "Can We Separate the Art from the Artist?" *Aesthetics for Birds*. December 6. https://aestheticsforbirds.com/2018/12/06/can-we-separate-the-art- from-the-artist/#heti.

Hiller, Avram. 2014. "A 'Famine, Affluence, and Morality' for Climate Change?"

Public Affairs Quarterly 28 (1): 19–39.

HolyWhiteMountain, Sterling, and Matt Strohl. 2019. "Sterling HolyWhiteMountain on Blood Quantum, 'Native Art,' and Cultural Appropriation." *Aesthetics for Birds*. January 31. https://aestheticsforbirds.com/2019/01/31/sterling- holywhitemountain-on-blood-quantum-native-art-and-cultural-appropriation/.

Horowitz, Andy. 2016. "Who Should Pay for the Arts in America?" *The*

Eaton, Marcia Muelder. 1992. "Integrating the Aesthetic and the Moral." *Philosophical Studies* 67: 219–240.

Emerick, Barrett. 2016. "Love and Resistance: Moral Solidarity in the Face of Perceptual Failure." *Feminist Philosophy Quarterly* 2 (2): 1–21.

Epictetus. 135. *The Enchiridion.* Translated by Elizabeth Carter. Accessed July 19, 2020. http://classics.mit.edu/Epictetus/epicench.html.

Fischer, Molly. 2020. "Who Did J. K. Rowling Become? Deciphering the Most Beloved, Most Reviled Children's Book Author in History." *The Cut.* December

22. https://www.thecut.com/article/who-did-j-k-rowling-become.html.

Flanagan, Caitlin. 2020. "I Actually Read Woody Allen's Memoir." *The Atlantic*. June 7. https://www.theatlantic.com/ideas/archive/2020/06/i-read-woody-allen- memoir/612736/.

Flood, Alison. 2020. "US Publishing Remains 'as White Today as It Was Four Years Ago.'" *The Guardian*. January 30.

https://www.theguardian.com/books/2020/jan/30/us-publishing-american-dirt-survey-diversity-cultural-appropriation.

Garber, Megan. 2019. "Aziz Ansari and the Physics of Moving Forward." *The Atlantic.* July 11.

https://www.theatlantic.com/entertainment/archive/2019/07/aziz-ansaris-netflix- special-ego-meets-id/593674/.

Gaut, Berys. 1998. "The Ethical Criticism of Art." In *Aesthetics and Ethics*, edited by Jerrold Levinson. Cambridge: Cambridge University Press.

Gaut, Berys. 2007. *Art, Emotion, and Ethics.* Oxford University Press.

Gay, Roxanne. 2018. "Can I Enjoy the Art but Denounce the Artist?" *Marie Claire*. February 6. https://www.marieclaire.com/culture/a16105931/roxane-gay-on- predator-legacies/.

Grady, Constance. 2019. "What Do We Do When the Art We Love Was Created by a Monster?" *Vox.* June 25.

Research 61:

65–90.

Davies, Sally. 2020. "Gentileschi. Let us not allow sexual violence to define the artist. *Psyche*. Accessed July 16. https://psyche.co/ideas/gentileschi-let-us-not- allow-sexual-violence-to-define-the-artist

Daseler, Graham. 2018. "The Bad and the Beautiful." *American Conservative*. July

27. https://www.theamericanconservative.com/articles/the-bad-and-the-beautiful/.

Dederer, Claire. 2017. "What Do We Do with the Art of Monstrous Men?" *Paris Review*. November 20. https://www.theparisreview.org/blog/2017/11/20/art- monstrous-men/.

De Gallier, Thea. 2018. "'I Wouldn't Want This for Anybody's Daughter': Will #MeToo Kill Off the Rock'n'Roll Groupie?" *The Guardian*. March 15. https://www.theguardian.com/music/2018/mar/15/i-wouldnt-want-this-for- anybodys-daughter-will-metoo-kill-off-the-rocknroll-groupie.

de Leon, Concepcion, Alexandra Alter, et al • 2020. " 'A Conflicted Cultural Force': What It's Like to Be Black in Publishing. *New York Times*. July 1. https://www.nytimes.com/2020/07/01/books/book-publishing-black.html.

Dickie, George. 1974. *Art and the Aesthetic: An Institutional Analysis*. Ithaca, NY: Cornell University Press.

Eaton, A. W. 2003. "Where Ethics and Aesthetics Meet: Titian's Rape of Europa."

Hypatia 18 (4): 159–188.

Eaton, A. W. 2012. "Robust Immoralism." *Journal of Aesthetics and Art Criticism*

70 (3): 281–292.

Eaton, Marcia M. 1982. "A Strange Kind of Sadness." *Journal of Aesthetics and Art Criticism* 41 (1): 51–63.

https://www.prospectmagazine.co.uk/philosophy/paul-gauguin-the-national-gallery-and-the-philosophical-conundrum-of-exhibiting-immoral-artists.

Carroll, Noel. 1995. "Why Horror?" In *Arguing about Art*, edited by Alex Neill and Aaron Ridley. London: Routledge.

Carroll, Noel. 1996. "Moderate Moralism." *British Journal of Aesthetics* 36 (3): 223–238.

Carroll, Noel. 2001. "Beauty and the Genealogy of Art Theory." In *Beyond Aesthetics*. Cambridge: Cambridge University Press.

Carroll, Noel. 2019. "When Is Someone 'Just Joking'?" *New Statesman*. June 4. Cascone, Sarah. 2019. "A New Campaign to End Unpaid Internships in the Art

World Exposes a Problematic Reliance on Free Labor. " *Artnet News*. July 18. https://news.artnet.com/art-world/a-call-to-end-unpaid-internships-in-the-art- world-1603792.

Chadwick, Kayla. 2017. "I Don't Know How to Explain to You That You Should Care about Other People." *Huffington Post*. June 26.

https://www.huffpost.com/entry/i-dont-know-how-to-explain-to-you-that-you-should_b_59519811e4b0f078efd98440.

Clavel-Vazque, Adriana. 2018. "Sugar and Spice, and Everything Nice: What Rough Heroines Tell Us about Imaginative Resistance." *Journal of Aesthetics and Art Criticism* 76 (2): 201–212.

Coates, Ta-Nehisi. 2019. "The Cancelation of Colin Kaepernick." *New York Times*. November 22. https://www.nytimes.com/2019/11/22/opinion/colin-kaepernick- nfl.html.

Cooper, Brittney. 2014. "Iggy Azalea's Post-Racial Mess: America's Oldest Race Tale, Remixed." *Salon*. https://www.salon.com/2014/07/15/iggy_azaleas_post_racial_mess_americas_ol dest_race_tale_remixed/.

D'Arms, J. , and D. Jacobsen. 2000. "The Moralistic Fallacy: On the 'Appropriateness' of Emotion." *Philosophy and Phenomenological* https://www.nytimes.com/2018/05/29/business/media/channing-dungey-roseanne.html.

Bartel, Christopher. 2019. "Ordinary Monsters: Ethical Criticism and the Lives of Artists." *Contemporary Aesthetics* 17.

Barthes, Roland. 1977. "The Death of the Author." *Image-Music-Text*. New York: Fontana Press.

BBC News. 2019. "R. Kelly faces bribery charge of 1994 marriage to Aaliyah." *BBC*. December 2019. https://www.bbc.com/news/entertainment-arts- 50682084#:~:text=Kelly%20has%20been%20charged%20with,Kelly%20was%2 027.

Beardsley, Monroe, and William K. Wimsatt. 1987. "The Intentional Fallacy." In *Philosophy Looks at the Arts*, edited by Joseph Margolis. Philadelphia: Temple University Press.

Bedau, Hugo Adam, and Erin Kelly. 2019. "Punishment." *The Stanford Encyclopedia of Philosophy*. https://plato.stanford.edu/archives/win2019/entries/punishment/.

Bowles, David. 2020. "'American Dirt' Is Proof the Publishing Industry Is Broken."

New York Times. January 27. https://www.nytimes.com/2020/01/27/opinion/american-dirt-book.html.

Bradpiece, Sam. 2019. "Michael Jackson Fans Sue Singer's Alleged Abuse Victims for 'Damaging Memory of the Dead.'" CNN. July 14.

https://www.cnn.com/2019/07/14/europe/france-michael-jackson-case- intl/index.html.

Bromwich, Jonah Engel. 2018. "Everyone Is Canceled." *New York Times*. June 28. https://www.nytimes.com/2018/06/28/style/is-it-canceled.html.

Callcut, Daniel. 2019. "Paul Gauguin, the National Gallery and the Philosophical Conundrum of Exhibiting Immoral Artists." *Prospect*. October 16.

參考書目

Abad-Santos, Alex. 2019. "The Fight over Joker and the New Movie's 'Dangerous' Message, Explained." *Vox*. September 25. https://www.vox.com/culture/2019/9/18/20860890/joker-movie-controversy-incel- sjw.

Adams, Robert Merrihew. 2006. "Love and the Problem of Evil." *Philosophia* 34: 243–251.

Alcoff, Linda. 1991–1992. "The Problem of Speaking for Others." *Cultural Critique* 20: 5–32.

Anderson, Luvell. 2015. "Racist Humor." *Philosophy Compass*: 1–9.

Archer, Alfred, and Benjamin Matheson. 2019. "Should We Mute Michael Jackson?" *Prindle Post*. May 24. https://www.prindlepost.org/2019/05/should- we-mute-michael-jackson/.

Archer, Alfred, and Benjamin Matheson. 2019. "When Artists Fall: Honoring and Admiring the Immoral." *Journal of the American Philosophical Association*: 246– 265.

Baier, Annette. 1986. "Trust and Antitrust." *Ethics* 96 (2): 231–260.

Barnes, Brooks. 2017. "Kevin Spacey Cut from 'All the Money in the World,' with Role Recast." *New York Times*. November 8.

https://www.nytimes.com/2017/11/08/arts/kevin-spacey-all-the-money-in-the-world.html.

Barnes, Brooks. 2018. "In Ending 'Roseanne,' ABC Executive Makes Her Voice Heard." *New York Times*. May 29.

4　(Baier 1986)

5　(Riggle 2015)

6　(Riggle 2015)

7　(Dederer 2017)

8　(Bradpiece 2019)

9　(Korsgaard 1996)

10　(Flanagan 2020)

11　(Bromwich 2018)

12　(Fischer 2020)

13　此討論借鑒自 (Matthes 2018b)。

14　(Mills 2018)

15　(Nguyen 即將出版)

16　(Willard 2020, 41)

17　(Gay 2018)

18　(Morris 2017)

19　我認為，這種緊張關係，與伊頓在悖德美學的粗野英雄當中主張「無法解決的自我衝突帶來的美妙狀態」的藝術價值不同，因為此處的道德疑慮出自創作者，而非故事中的角色。(Eaton 2012, 287)

20　(Eaton 2012, 287)

21　(Adams 2006, 251)

22　(Epictetus 135, 43)

23　此段關於愛比克泰德的討論借鑒自 (Matthes 2018a)。

24　於 (Carroll 1995) 對此觀點的統整大有幫助。

25　(Eaton 1982)

26　(Malone 2019)

27　(Srinivasan 2018, 132)

32 (Coates 2019)

33 (Stephens 2020)

34 (Dickie 1974)

35 (Rini 2020)

36 (Senior 2019)

37 關於這種方法的哲學案例，參見(Alcoff 1991–1992)。

38 (Grady 2020)

39 (Lee and Low Books 2020)

40 (Jawort 2019)

41 我過去曾寫過關於文化挪用的論述，參見(Matthes 2016 and 2019)。

42 (Bowles 2020)

43 (Flood 2020)

44 更多相關資料可參閱(de Leon, Alter, et al・ 2020)。

45 (Horowitz, 2016)

46 (Cascone 2019)

47 (Nochlin 1971)

48 (Simpson and Srinivasan 2018)

49 (De Gallier 2018)

50 (Barnes 2018)

51 (Cooper 2014)

52 (Kendall 2016)

53 (Yar and Bromwich 2019)

54 (Emerick 2016, 2)

55 (Ross 2019)

第四章

1 (Grady 2019)

2 (Jonze 2019)

3 此處與(Strawson 1974)當中的反應性態度作比較。

4 關於對不道德藝術家會有的普遍反應中具有的「自動自發」特性，亦可參閱(Strohl and Willard 2017)。

5 (Various 2020)

6 (Rini 2018, 346)

7 (Smith 2021)

8 有關懲罰哲學方法的概述，參閱(Bedau and Kelly 2019)。

9 (Romano 2018)

10 (Graham-Dixon 2010)

11 (Rea 2019)

12 (Nayeri 2019)

13 (Pogrebin and Schuessler 2018)

14 (Archer and Matheson 2019)

15 (Archer and Matheson 2019, 257)

16 (Malone 2019)

17 (Ratajkowski 2020), (Testa 2020)

18 (Morris 2019)

19 (Williams and Zraick 2019)

20 (Zraick 2019)

21 (Rodney 2017)

22 (Callcut 2019)

23 (Zellner 2019)

24 (Jonze 2019)

25 (Barnes 2017)

26 (Wittgenstein 1953, 272)

27 (Daseler 2018)

28 (Nwanevu 2019)

29 (Cf. Malik 2020)

30 (Táíwò 2020)

31 (Lewis 2020)

10 (Martin 2016, 210)

11 (Cf. Riggle 2015)

12 關於應用在倫理消費主義上的道德約束的討論，見(Hussain 2012)。

13 (Archer and Matheson 2019)

14 (Korsgaard 1996)

15 (Strohl and Willard 2018)

16 (Garber 2019)

17 (Tosi and Warmke 2016, 199)

18 (Tosi and Warmke 2016, 216)

19 (Nguyen and Williams 即將出版)

20 (Abad-Santos 2019)

21 關於「虛構」與「非虛構」之間回應準則上的差異討論，參閱(Jacobson 1997, 186)。就藝術與道德知識上與此主題的相關討論，可參閱(Kieran 2006)。

22 (Monteiro 2017)

23 關於享受血腥電影的反論，參見(Stoner 2020)。

24 (Nussbaum 2019). 感謝James Harold提點我這條線索。

25 (Radcliffe 2020)

26 (Chadwick 2017)

27 (Malone 2019)

28 (Heti 2018)

29 (Stephens 2019)

30 關於藝術被政治工具化的討論，參見(HolyWhiteMountain and Strohl 2019)。

第三章

1 (Koblin 2018)

2 (Tsioulcas 2020)

3 (Romano 2019)

23 相較於(Eaton 2003, 173)當中撞到腳趾的案例。

24 (Carroll 1996, 234)

25 (Carroll 1996)

26 關於個人的不道德特質如何使與其有關的物品（包含作品在內）蒙塵的議題，在(Harold 2020)有更廣泛的討論。

27 此處提到的不道德主義是專指伊頓的「悖德美學」（robust immoralism; Eaton 2012）。伊頓確實提到，她作為悖德主義者，對許多作品中的解讀既具概念性也具規範性（285），但這與悖德美學成就的成功條件主要是描述性的這點理解上一致（例如，當作品確實成功讓觀眾克服對角色不道德的抵觸情緒時，便可視為成功）。伊頓也確實在該論文餘下部分使用這樣的表述方式。

28 (Clavel-Vazque 2018)提出的完美範例。

29 (Clavel-Vazque 2018)

30 (Wills and Holt, 2017)也討論過由人魔漢尼拔創作藝術會有的議題。

31 (McGrath 2012). 對於像是高更一般拋家棄子追求藝術的「專心致志」精神是否正當化其行為，或讓人以此藉口解釋伴隨而來的違背道德行為，哲學家們對此有過諸多討論，例如(Eaton 1992)的論述。

第二章

1 (Powers 2019)

2 (Gross and Nussbaum 2019)

3 (Hegarty 2019)

4 (Hiller 2014)

5 儘管任何立場都有哲學家辯護過，其中就包含往生者同樣可以受到傷害的論點，見(Ridge 2003)。

6 (Cf. Strohl and Willard 2018)

7 (Vance 2017)

8 (Martin 2016)

9 (Martin 2016, 205)

7 (Gaut 2007, 240)

8 (Gaut 2007, 240)

9 (Cf. D'Arms and Jacobsen 2000, 80–81.) 亦可參照 (Carroll June 4, 2019)。

10 有關處理作品關聯的方法，參閱 (Simon 2019)。

11 (Bartel 2019) 也提出類似觀點，進一步擴張高特的倫理論，討論藝術家的傳記（以及他們的道德）與我們詮釋作品的視角或作品預期態度之間的關係。我在這邊採用的方法則是較為廣義的方式，不僅僅是我們如何理解作品預期的態度，更包含其預期的態度本身都可能受到藝術家的生平影響。

12 此觀點與 (Beardsley and Wimsatt 1987) 之論點密切相連。

13 關於作品預期的反應與作家意圖之間的差異，參閱 (Eaton 2003) 的進一步評論。

14 (Mack 2018)

15 (Gaut 2007, 251)

16 關於引發（eliciting）與認可（endorsing）之間的區別，(Stear 2020) 當中有詳細的討論，並提及那如何影響藝術道德批判的辯論。斯蒂爾在第163頁指出，藝術家若認可某種不道德的反應，這樣的藝術限制本身並不構成作品的美學缺陷，和其他藝術限制（例如特定的詩律）一樣，即使它可能讓某些美學缺陷更容易出現。不過，我認為這樣的說明已足以支持我的用意。我們不必主張藝術家對不道德反應的認可本身就是作品的美學缺陷，只是若該作品的目的是要引發這些反應，那項限制就會影響我們能做出適當反應的類型。

17 (Bartel 2019)

18 (Barthes 1977)

19 (Cf. Bartel 2019)

20 (Davies 2020)

21 (Cf. Wollheim 1980)

22 (Carroll 1996), (Eaton 1992)

索引

第一章

1 (BBC News 2019)

2 (Carroll 2001)

3 (Gaut 1998)

4 (Stear 2019) 當中指出一種較為複雜的藝術類型:「誘惑性」藝術作品，這類型作品預期觀眾對「藝術品先前激起的反應」作出特定反應，例如對此感到羞恥。他認為，就規範性方法來看，這類作品讓特定論點產生問題，例如應有的回應論證（Merited Response Argument）。意思是，如果第二種反應（即批判自身第一種反應的反應）是應有的反應，那就表示第一種反應是不應有的反應，那麼，該作品就有著美學缺陷。然而，這就荒謬地意味著，所有誘惑性作品都有美學缺陷。他的解決方案是建立起一個接受「不應有的反應」未必就是美學缺陷的條件，即當這些反應完全是源自於該作品在美學上具有價值約束而產生的反應。從本質上來說，這是將誘惑性作品起先引發的「不應有的」反應，視為讓我們可以反思批判自己體驗當中的一環，因此在這個特定約束條件下會具有美學價值，從而使得該反應可以不被視為作品的美學缺陷。至於這能不能適用於敗德藝術家身上，還有待商榷。此外，我在這裡採取的規範方法並不包含高特最初的應有回應論證的原始要求：我並不認為藝術家任何和所有道德缺陷都必須在某種程度上是美學缺陷。這取決於它們如何與作品的合理解釋聯繫起來。

5 (Anderson 2015)

6 (D'Arms and Jacobsen 2000)

Beyond

83

世界的啟迪

大師失格

如何在人品與作品之間劃出界線？

Drawing the Line: What to Do with the Work of Immoral Artists from Museums to the Movies

作者	艾瑞克・哈塔拉・馬特斯（Erich Hatala Matthes）
譯者	劉家安
副總編輯	洪仕翰
責任編輯	宋繼昕
行銷	張偉豪
封面設計	傅文豪
排版	宸遠彩藝
出版	衛城出版 / 左岸文化事業有限公司
發行	遠足文化事業股份有限公司（讀書共和國出版集團）
地址	23141 新北市新店區民權路 108-3 號 8 樓
電話	02-22181417
傳真	02-22180727
客服專線	0800-221029
法律顧問	華洋法律事務所　蘇文生律師
印刷	呈靖彩藝有限公司
初版	2025 年 1 月
定價	450 元
ISBN	978-626-7376-82-9（紙本） 9786267376812（EPUB） 9786267376805（PDF）

歡迎團體訂購，另有優惠，請洽 02-22181417，分機 1124、

特別聲明：有關本書中的言論內容，不代表本公司／出版集團之立場與意見，文責由作者自行承擔。

國家圖書館出版品預行編目(CIP)資料

大師失格：如何在人品與作品之間劃出界線？/ 艾瑞克.哈塔拉.馬特斯(Erich Hatala Matthes)著；劉家安譯. -- 初版. -- 新北市：衛城出版，左岸文化事業有限公司出版：遠足文化事業股份有限公司發行, 2025.01

14.8×21面；　公分. --(Beyond 83)

譯自：Drawing the line : what to do with the work of immoral artists from museums to the movies.

ISBN 978-626-7376-82-9(平裝)

1. 人文學　2. 道德　3. 藝術哲學　4. 藝術家

119　　113016516

ACRO POLIS 衛城出版

Email acropolismde@gmail.com

Facebook www.facebook.com/acrolispublish